내 나이는 아직
스물하나

스물한 번째 동인지

내 나이는 아직 스물하나

최미정 외

시섬문인협회
SISUM POETS ASSOCIATION

스물한 번째 동인지

내 나이는 아직 스물하나

초판 1쇄 발행 2024년 11월 9일

지은이 　 최미정 외
편집위원 　이창호(위원장), 김진원, 최경선, 최영옥, 최정숙
　　　　　(가나다순)
펴낸이 　　황규상
펴낸곳 　　도서출판 모래와거품
등록번호 　220-91-26145
주소 　　　서울특별시 강남구 언주로 332, 108동 602호
　　　　　(역삼동, 역삼푸르지오아파트)
전화 　　　(02)556-8451
전자우편 　info@sandandfoam.com

ⓒ 시섬문인협회, 2024

ISBN 979-11-92042-05-3 03810

값 12,000원

발간사

스물한 번째
동인지를 내면서

시섬문인협회 회장 **최미정**

　우리 시섬문인협회가 2003년에 박건호 시인이 문단을 창립하고, 고고지성(呱呱之聲)을 발한 지 어언 20년이 지나서 약관(弱冠)의 청춘을 맞이했습니다. 실로 감격스럽고 자랑스런 일입니다.
　우리는 토우 박건호 시인의 불굴의 시(詩)정신을 이어받아 매년 시섬동인지를 출간해 왔습니다. 지난여름은 유난히 더운 날을 보냈지만, 끊임없이 또 한 번의 시섬 동행, 한마음으로 이 결실의 계절에 스물한 번째 동인지《내 나이는 아직 스물하나》를 출판하게 되어 매우 기쁘게 생각합니다.
　날로 첨예화되어가는 지식 정보 사회에서 글을 쓴다는 것은 끊임없는 자신과의 싸움이지만 이 싸움을 통하여 느꼈던 사연들이 한 편의 시(詩)가 되어 이웃을 밝고 따뜻하게 해주는 노래가 된다는 점에서 시(詩) 쓰는 고통을 기쁨으로 승화했으리라 봅니다. 세상은 변하고 강물은 흘러갔지만, 여전히 시섬은 모닥불이 타오르고 우리들의 이야기는 끝이 없습니다.

동인지 초대작가 작품에 특별히 한시(漢詩) 5편을 게재할 수 있도록 옥고를 보내주신 한상철 고문께 감사드리며, '축하의 글'을 써주신 (사)박건호기념사업회 김종태 이사장과 이금림 여사께 감사드립니다. 그리고 표지화와 제호 캘리그라피를 재능 기부해주신 김성운 화백과 동인지 출판을 위해 수고해주신 출판사 황규상 대표께 감사드립니다.

스물한 번째 시섬동인지에 동인 여러분께서 옥고를 게재해 주심에 감사드리며, 분주한 일상에서라도 시(詩) 쓰기를 게을리하지 않는 문우님들이 되시기를 바랍니다.

끝으로 2005년 박건호 시인이 동인지 제2집에서 쓴 서문 중 일부를 소개합니다.

"시인(詩人)은 망망대해 같은 세상에서 고독한 섬이다. 오직 자신만의 세계를 건설하고 자신만의 언어를 발견해야 하기 때문이다....

시인은 세상의 소리에 귀를 기울이지 말아야 한다. 세상은 온갖 유혹이 판치는 곳이다. 시인은 그곳을 사랑하고 그곳을 이야기하면서도 때로는 모든 욕심을 버리고 초연해야 한다. 그래서 또한 시인은 삶을 사랑하지만 구차한 삶은 버릴 줄도 알아야 하는 것이다....

언제부턴가 시인은 꿈의 대상이 아니라 선택사항이다. 시인이 되었다고 해도 자랑스러울 것이 없고 사람들은 부러워하지도 않는다. 그럴 수밖에 없지 않은가. 고뇌는 다른 곳에서 풀고 응용물리학이나 수학처럼 머리로 푸는 것이 시가 되었으니 말이다. 그래서 어떤 시는 감동을 주기보다 신경을 자극하기만 한다. 그러나 그것만이 시라고 주장하는 사람들을 피해 '시섬(PoemIsland)'으로 이주해 온 것은 결코 승리도 패배도 아니다. 진정한 시인이라고 하면 어떤 게임에도 가담하지 말아야 하기 때문이다."

2024년 11월 9일

.

미당을 처음 찾아갔을 무렵의 박건호 청년 모습

축하의 글

동인지《내 나이는 아직 스물하나》 출간을 축하드리며

(사)박건호기념사업회
이사장 김종태

    시섬동인지 제21집《내 나이는 아직 스물하나》출간을 진심으로 축하드립니다.
    (사)박건호기념사업회 이사장 김종태입니다.
    올해는 박건호 선생이 타계하신 지 17주기가 되는 해입니다. 박건호 선생은 일생 동안 시인, 작사가, 예술가로 사셨습니다. 2000년대 초 박건호 선생은 시섬문인협회를 창립해, 시섬동인지 제1집《블랙커피로 죽이고 싶다》를 창간하시고, 제2집《섬은 물소리를 듣지 않는다》, 제3집《시의 고향 아닌 곳 어디 있으랴》 출간을 끝으로 타계하셨습니다.
    선생이 타계 후 제4집《타오르는 모닥불 짙어가는 향기여!》를 함께한 시인들이 발간하며, 선생을 추모하고, 시인 정신을 계승

하여, 해마다 시섬동인지가 발간되고 있다는 점이 매우 놀랍고, 감격스럽습니다.

발간에 애쓰시고 계시는 시섬문인협회 역대 회장님을 비롯한 제8대 최미정 회장님과 시섬문인협회 문우님들께 진심으로 존경의 마음을 전합니다.

저희 (사)박건호기념사업회도 박건호 선생의 시인, 작사가, 음악평론가, 예술가로서의 예술혼을 후대에 이어주고자, 박건호 백일장, 박건호 가요제, 시낭송회 등의 행사를 매년 진행하며 노력해 오고 있습니다.

금년도는 제가 이사장으로 취임하면서, 선생이 나고 자란 원주지역의 각 분야 전문가들의 이사진들과 함께하며, 대작사가 박건호 선생의 정서가 잊혀지지 않고, 대중의 곁에 선생의 예술혼이 지속적으로 함께하는 것에 중점을 두고 사업을 진행하고 있습니다.

먼저 올해 5월, (사)박건호기념사업회 홈페이지를 제작하였으며, 다음으로 전국 초·중·고생을 대상으로 꿈, 모닥불, 노래를 주제로 '백일장' 행사를 진행하며, 역대 최다 응모작품이 접수되어 성황리에 행사를 마쳤습니다. 그리고 11월에는 박건호 가요축제를 원주지역 주민의 큰 행사로 준비 중에 있습니다.

21년 동안 시섬문인협회가 끊임없이 박건호 선생을 기억하고, 시인 정신을 이어왔듯이, 저희 (사)박건호기념사업회도 박건호 선생을 영원히 기억하고, 후대에 지속적으로 이어질 수 있도록 하는 길에 항상 함께할 것입니다.

다시 한번 시섬동인지 제21집 《내 나이는 아직 스물하나》 출간을 진심으로 축하드리며, 시섬문인협회의 무한한 발전을 기원합니다.

2024년 11월 9일

차례

발간사
최미정 스물한 번째 동인지를 내면서 … 5

축하의 글
김종태 동인지《내 나이는 아직 스물하나》출간을 축하드리며 … 8

초대작가 작품

박건호 오늘 … 22
추억도 소설처럼 … 24
첫눈이 오면 … 26
내가 타고 갈 기차를 놓쳤어요 … 28
길을 위한 기도 … 30

한상철

雉岳靑靑 치악산은 푸르러라 … 32
遠望雉岳 멀리서 치악산을 바라보며 … 33
蟾江永遠流 섬강이여 영원하여라 … 34
蟾江九曲讚歌 섬강구곡찬가 … 35
望洋亭 망양정에서 … 36

회원 작품

김진원

이슬 꽃 … 40
기약 … 41
엇갈린 시간(時間) … 42
굴렁쇠 … 43
쳐다보고 있음은 … 44

위형윤

치어의 생명 … 46
바람의 자리 … 47
기억 … 48
어머니의 젖줄 … 49
외로운 행복 … 50

최미정 꽃비 꽃눈 내리면 … 52
청포도 익어가는 본가 … 54
시월의 중턱에서 … 55
옛이야기 … 56
아가야 … 58

이창선 그대가 있어 행복하다 … 60
교대 … 61
날개 … 62
벚꽃의 변신 … 63
청계산 … 64

김백란 태풍 … 66
서두르세요 … 68
제비가 돌아왔다 … 70
경포호에서 … 72
겨울 풍경 … 74

김숙경 삶 앓이 - 스크린 도어 … 76
삶 앓이 - 김치의 詩 … 77
삶 앓이 - 목화 … 78
삶 앓이 - 당신은 누구십니까? … 79
삶 앓이 - 남편, 그 이름에 … 80

김소희
틈새 … 83
인연 … 84
부뚜막과 운동화 … 85
숨비소리 … 86
대평리 박수기정에서 … 87

김상경
연애론 … 89
그-'아침 이슬'을 불러주었던 … 90
관순 누님 … 92
노을 … 96

최경선
푸른 잎 하나 달지 않고 … 98
카르페디엠 … 99
은순씨의 정방폭포 … 100
끙 … 101
품 … 102

안성수
봄날은 간다 … 104
장미꽃·1 … 105
음악을 들으며 … 106
여름밤 … 107
심향(心香) … 108

한선향

내 몸통에 봄을 이식하고 있다 … 110
수도꼭지 물방울들 … 111
낙엽의 헌시 … 112
수의 입은 미꾸라지들 … 113
청바지 … 114

이창호

황천길을 보다 – 미 서부 여행/그랜드 캐니언 … 116
요세미티 주인은 누구인가 – 미 서부 여행/
　하프 돔(Half Dome) … 117
비행선을 타고 … 119
춤추는 장삼 자락 – 미 서부 여행/
　앤털로프 캐니언 … 120
에스칼란테 호수를 카약으로 건너며 … 122

조은숙

시인은 새소리를 번역하고 싶다 … 124
기다림 … 125
시월을 떠나보내야 하는 날에 … 126
붕어빵 … 128
이별 … 129

김영선

개미 … 131
길 … 132
종이컵 … 134
라떼는 말이야 … 136
왜냐고 묻지 마라 … 137

조영민 [동시] 우리 할아버지 … 139
민들레 전쟁 … 140
책가방 … 142

김순진 소금 반도체 … 144
고등어의 다비식 … 146
강아지풀 시창작법 … 148
숲에서 … 149
꿩 … 150

최정숙 날마다 웃게 해주세요 … 152
여름 … 153
징검다리 … 154
농부 … 156
바람 … 158

고민지 봄꽃 … 160
정동진 … 161
장호 바다 … 162
벚꽃길 … 163
내 영혼의 숨구멍 … 164

하 은
  빨래 ··· 166
  풀각시 ··· 167
  바다에 오는 이유 ··· 168
  말자씨 ··· 169
  보름밤 ··· 170

최영옥
  은섬포(銀蟾浦) ··· 172
  치악산 · 12 ··· 174
  치악산 · 13 ··· 175
  진달래꽃 ··· 176
  노회신 무덤벽화 살아나다 ··· 178

김성운
  서부 영화의 추억 ··· 181
  아프니까 아프리카 ··· 185

아름다운 추억 21 ··· 193
시섬문인협회 연혁 ··· 203

초대작가
작품

박건호 詩
오늘 외 4편

한상철 漢詩
雉岳靑靑 치악산은 푸르러라 외 4편

박건호
朴健浩

프로필

1949년 2월 19일 강원도 원주 출생, 2007년 12월 9일 작고. 아호는 土偶(토우)
시섬문인협회 초대 회장, 한국문인협회 회원, 한국음악저작권협회 회원,
월간 《스토리문학》 주간 등 역임

시집: 《영원의 디딤돌》(성문각, 1969)
　　　《타다가 남은 것들》(다다, 1989)
　　　《물의 언어로 쓴 불의 詩》(다다미디어, 1994)
　　　《추억의 아랫목이 그립다》(사임당, 1996)
　　　《고독은 하나의 사치였다》(박우사, 1996)
　　　《기다림이야 천 년을 간들 어떠랴》(춘광, 1997)
　　　《나비 전설》(토우, 1998), 《모닥불 이후》(토우, 2001)
　　　《유리 상자 안의 신화》(시지시, 2003)
　　　《말랑말랑 나귀의 방울소리 위에》(모닥불, 2006)
　　　《그리운 것은 오래전에 떠났다》(한누리미디어, 2007)
가사집: 《그 눈물은 지금도 마르지 않았다》(현대악보출판사, 1985)
　　　《모닥불》(다다, 1989), 《철새의 편지》(다다, 1989)
　　　《콩나물에 뿌린 물빛 사랑》(토우, 1999)
에세이집: 《오선지 밖으로 튀어나온 이야기》(술래, 1994)
　　　《너와 함께 기뻐하리라》(투병기)(하늘, 1996)
　　　《시간의 칼날에 베인 자국》(춘광, 1997)
　　　《나는 허수아비》(한누리미디어, 2007)

오늘

어느 날 나는
낡은 편지를 발견한다
눈에 익은 글씨 사이로
낙엽 같은 세월이 떨어져 간다

떨어져 가는 것은 세월만이 아니다
세월은 차라리 가지 않는 것
모습을 남겨둔 채 사랑이 간다

비 오는 날
유리창에 흘러내리는 추억은
한 잔의 커피를 냉각시킨다
그러나 아직도 내 마음은 따스한 것을…

저만큼의 거리에서
그대 홀로 찬비에 젖어간다

무엇이 외로운가
어차피 모든 것은 떠나고
떠남 속에서 찾아드는 또 하나의 낭만을

나는 버릴 수가 없다

그렇다, 이미 떠나버린
그대의 발자국을 따라 눈물도 보내야 한다

그리고 어느 날
내가 발견한 낡은 편지 속에서
낯선 사람을 만나듯
그대를 보게 된다

아득한 위치에서 바라다보이는 그대는
옛날보다 더욱 선명하다
그 선명한 모습에서 그대는 자꾸 달라져 간다

달라지는 것은 영원한 것
영원한 것은 달라지는 것

뜨겁고 차가운 시간과 시간 사이로
나는 이해할 수 없는 하나의 공식 속에서
오늘을 살아간다

추억도 소설처럼

십년 후에 만난 첫사랑 여인에게
사랑했다고 말하는 것은
과거형이 아닌 현재형이다
그 시절의 그리움은 바랬어도
지금 그녀가 매력이 있다면 대화는
한결 부드러워진다
그들은 서로를 훔쳐보다가
부딪쳐 오는 눈망울에서
자신을 발견하고 흠칫 놀라지만
상대의 속마음을 읽는 순간
다시 편안해진다
결국 그렇게 만나는 첫사랑이란
대부분 흥미에서
출발하는 경우가 많은데
누군가를 만나면 마음보다 말이 앞서가는
요즘 사람들의 입버릇처럼 '옛날이 좋았어'라고
능숙한 배우가 되어 그녀는 말한다
그러나 그것은 이미 대본에 있는 말이다
'이제는 어쩔 수 없지'라고 말하는 편이
오히려 진실에 가깝다

언제나 속는 척하며 내숭에서 길들여진 두 사람은
어느덧 공범자가 된다
아무런 느낌 없이도
만남과 이별에 익숙한 공범자가 된다
약속할 수 없는 답답함이 아니라
약속하지 않는 홀가분함을 터득한다
약속할 수 없는 안타까움이 아니라
약속하지 않는 즐거움을 만끽한다
이제 추억도 소설처럼 마음대로 꾸며 쓸 수 있는 것인가
하나의 사실을 놓고
우리는 서로 다른 상상을 하며 스스로 도취한다
그리고 상대편에게만 순수이기를 바란다

첫눈이 오면

첫눈이 오면
누나가 그리워
나의 가슴은
남도를 달린다

그날
남향으로 떠나는
옥이 누나
분홍 뺨에는
나이팅게일의 슬기가
담기었고

백합의
유니폼에는
첫눈이
말없이 내렸다

언제나
박애
봉사

희생의
일생을 마치겠다던
옥이 누나의 목소리가

저 첫눈 속에서
한 가닥 외로운 여운으로 들리면

나의 가슴은
머언—
남도를 달린다

내가 타고 갈 기차를 놓쳤어요

그해 겨울
어느 눈 내리던 밤에
내가 타고 갈 기차를 놓쳤어요

그대 미소는 나를 사로잡았고
우리는 너무 행복했어요
그러나 그대는 변했으니
저 험한 길을 나는 또 가야 합니다

생각해 보면 꿈같은 추억이지만
그 아름다운 기억들을 잊으렵니다

바람 타고 들려오는 기적 소리는
왜 이렇게 슬프게만 들려오나요

그래요
난 그대 곁에 머물지 않더라도
다음 기차는 타지 않겠어요

여기에 놓여진 나의 인생

그 모든 것은 시간이 말해주는 것
지금의 아픔 아물어질 때까지
난 나의 길을 서두르며 가진 않아요

바람 속을 달려오는 기적 소리는
내 운명의 방향을 바꾸려고 하지만
나의 갈 길은 따로 있기에
그냥 이대로 떠나렵니다

길을 위한 기도

길이 되게 하소서
나를 찾아온 모든 사람들이
당신 곁에 이를 수 있도록
다리를 놓아주소서
아무리 귀한 것이 있어도
욕심을 내지 않고
버리는 기쁨을 알게 하며
그 기쁨의 물결 위에
나를 온전히 세우소서
흐르지도 못하는 나의 강가에
숨막히듯 피어있는 저 많은 꽃들을
들판으로 보내주소서
온 천지에 진동하는 꽃의 향기로
이 세상을 아름답게 하소서
다시 태어나는 내 삶을 위해
당신께 간구하는 것은
머무는 숲이 아니라
떠나는 길이 되게 하소서

한상철
韓尙澈

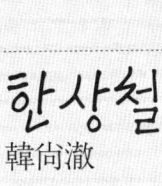

프로필

- 원주고, 고려대 법대(법학사), 서울대 행정대학원(행정학 석사), 강원대 대학원 (행정학 박사)
- 제10회 행정고시 합격
- 前 상공부 서기관, 대통령 비서실(민정 행정관), 동해·삼척·속초·원주시장, 민선 2기 원주시장 역임(자유민주연합)
- 민주평화통일자문회의 운영위원, 강원도 부의장, 강원도주민자치회 대표회장
- (사)박건호기념사업회 이사장 역임
- 現 원주백운한시회 회장, 시섬문인협회 고문

저서:《시민행정론: 시민활동의 전개와 행정》
　　　《한시로 노래한 원주팔경》
　　　《논어산책》
　　　《치악은 푸르러라》
　　　《섬강 따라 흐르는 노래》
　　　《섬강구곡의 노래》
　　　《賞梅迎春: 매화를 감상하며 봄을 맞다》
　　　《인문풍류》
　　　《다시 보는 관동팔경: 정자 찾아 시 읊다》등 다수

雉岳靑靑 치악산은 푸르러라

壯嚴秘景蟠州東, 장엄비경반주동,
四季化粧綠白紅. 사계화장녹백홍.
雉岳靑靑衝昊聳, 치악청청충호용,
蟾江滾滾向都通. 섬강곤곤향도통.
悠悠雲彩越山嶺, 유유운채월산령,
靜靜淸湖迎野鴻. 정정청호영야홍.
聖地鴒原防外敵, 성지영원방외적,
報恩上院夕鐘雄. 보은상원석종웅.

장엄한 비경 치악산 원주 동쪽 둘렀으니
사계절 형형색색 단장하네
치악은 푸르러 하늘 끝 우뚝 솟고
섬강은 힘차게 서울로 흘러드네
유유히 오색구름 치악 마루 넘는데
고요한 학곡청호 기러기 떼 맞이하네
호국성지 영원산성 원주 잘 지키니
보은의 상원사 저녁 종소리도 웅장하네.

遠望雉岳 멀리서 치악산을 바라보며

登爬東崗望毘盧, 등파동강망비로,
雉岳偉容雄壯圖. 치악위용웅장도.
群鳥蒼空翼翼去, 군조창공익익거,
白雲山嶺悠悠踰. 백운산령유유유.
座吹草笛舞蝴蝶, 좌취초적무호접,
立哢古詩鳴喜鴝. 입롱고시명희구.
小小平常從節變, 소소평상종절변,
無違大命順天途. 무위대명순천도.

뒷동산 언덕에 올라 비로봉 바라보니
치악산의 위용이 웅장한 그림이네
뭇 새들 창공을 떼 지어 날아가고
흰 구름 산마루 유유히 넘어가네
풀피리 부니 나비들 춤추고
옛 시 읊으니 구관조들 노래하네
소소한 일상 철을 따라가며
천명 어기지 않고 순천의 길 가야지.

蟾江永遠流 섬강이여 영원하여라

雉岳淸風溪谷來, 치악청풍계곡래,
深深古寺一無埃. 심심고사일무애.
蟾江碧水由簾瀑, 섬강벽수유렴폭,
山頂紅雲抱玉臺. 산정홍운포옥대.
沿岸沃田糧穀滿, 연안옥전량곡만,
鄕村各地幸歡開. 향촌각지행환개.
萬花春夏從船去, 만화춘하종선거,
鷺雁秋冬霧裏徊. 노안추동무리회.

치악산의 맑은 바람 계곡에서 불어오니
깊고 깊은 구룡사 티끌 하나 없구나
섬강의 푸른 물 치악산 세렴폭포에서 발원하고
산정의 오색 구름 옥산동대 감싸네.
강가 평원에는 풍요가 넘치고
부락마다 행복과 환희가 열리네.
온갖 꽃은 봄여름 뱃놀이하며 떠가고
가을 겨울 안개 속에서 기러기 백로 노니네.

蟾江九曲讚歌 섬강구곡찬가

淸川滾滾漢河漼, 청천곤곤한하최,
洗谷霑平九曲開. 세곡점평구곡개.
內海湖流天水達, 내해호류천수달,
蟾江月出韻人徊. 섬강월출운인회.
季涵感歎小金壁, 계함감탄소금벽,
太祖起興大局臺. 태조기흥대국대.
沿岸沃田糧穀滿, 연안옥전양곡만,
鄕村各地幸歡來. 향촌각지행환래.

섬강은 흘러 흘러 한강 물 깊고
골짜기 거쳐 평야 지나며 구곡이 열리네.
내륙의 바다 횡성청호 시민들에게 물 공급되고
은섬포에 달 뜨니 시인들 노니네.
송강 정철도 감탄한 소금강의 절벽
왕건 태조도 승기 일으켜 큰 기틀을 얻었네
강가 평원은 풍요 넘치고
마을마다 행복과 환희가 오네.

望洋亭 망양정에서

王避川岸望洋亭, 왕피천안망양정,
大海茫茫展現靑. 대해망망전현청.
萬丈陽光隨浪漾, 만장양광수낭양,
連天合一水平形. 연천합일수평형.
遊人醉景歎聲高, 유인취경탄성고,
鷗伙覓魚跳舞玲. 구화먹어도무령.
走向對方何不夢, 주향대방하불몽,
惑勝不束留邦庭. 혹승불속류방정.

동산 정상에 있는 망양정에 오르니
망망대해 푸르게 펼쳐졌네.
반짝이는 햇빛 파도 따라 출렁이고
하늘과 맞닿아 지평선 이루었네.
관광객들 경치에 취하여 탄성 지르는데
갈매기들 고기 찾아 옥 소리 내며 춤추네.
왜 맞은편 진출하는 꿈은 안 꿨을까
혹 절경이 나라 안에만 머물게 옭아매었나?

회원 작품

김진원 위형윤 최미정
이창선 김백란 김숙경
김소희 김상경 최경선
안성수 한선향 이창호
조은숙 김영선 조영민
김순진 최정숙 고민지
하 은 최영옥 김성운

김진원
金鎭元

프로필

아호: 晤山(일산)
월간 모던포엠 신인상 수상 등단(2005)
월간 모던포엠 이사, 세계모던포엠 작가, 한국문학예술 이사, 재림문인협회 회원 前 시섬문인협회 회장(박건호문학상 운영위원장), 現 시섬문인협회 명예회장
경력: SDA삼육외국어학원 재무이사, 사단법인 국제절제협회 감사, 서울영어과학 체험관 운영위원, 삼육대학교 사무부처장(재무실장), 삼육보건대 재무실장(자원관리부처장), SDA교육 상무이사, 서울시영어마을 수유캠프 원장 역임
수상: 대학생백일장 최우수상, 재림문학상, 월간 모던포엠 신인상, 제5회 모던포엠 문학상(금상), 시조사 100주년기념문학상, CJ문학상, 교육부장관상
시집: 《당신》, 《그리움 25시》, 《물방울에 담긴 얼굴》, 《당신이 내게 준 선물》
공저: 《새벽, 희망의 빛》, 《韓·美·日·中 4개 국어가 만나는 2009 앤솔러지》, 《동인사화집/시와 에세이 2》, 《시와 조각의 만남전》, 《詩와 별 그리고 영월/2007 대한민국시인대회 작품집》
동인지: 박건호 추모시집《타오르는 모닥불, 짙어가는 향기여!》외 다수
이메일: steward3jinwon@hanmail.net

이슬 꽃 외 4편

아가의 반짝이는 눈같이
이슬이 꽃잎에 곱게곱게 빛난 들에
사랑하는 사람이여 붉은 해가 솟기 전에
비단치마 가득이
이슬을 담으시오

사슴의 빛나는 눈같이
이슬이 꽃잎 위에 헤적이는 저 들에
사랑하는 사람이여 금세 해가 솟으려니
하얀 적삼 가득이
이슬을 담으시오.

기약

익숙해진 짧은 헤어짐이라 해도
시들지 않는 안타까움이다
또다시 만날 수 있는 기약이 없었다면
시린 달은 어디에도 뜨지 않았으리라

지난밤 고요에도
움츠린 외로움을 묻어도
만날 수 있는 내일이 있어
서럽지만은 않았다

속절없이 어두운 밤이 지나가고
동트는 새 아침을 마중하는
눈부신 햇살 찾아오면
환하게 미소 짓는 얼굴.

엇갈린 시간(時間)

돌아오는 발자국을 밟으며
가는 시간 속에서 어둠을 헤치고
돌아오는 나의 새벽

대문을 들어선 마지막 식구가
깊이 잠들면
새벽이야, 새벽이야
나의 오관은 눈을 떠 노래하고 춤춘다

시간이라는 외길을 따라
식구라는 다정한 인연으로 살아가지만
사계(四季)의 낮과 밤
엇갈린 새벽을 맞으며
가는 시간 속에 맞물려 돌아온다.

굴렁쇠

기다림이 애달파서
빠르게 굴러가네
놓쳐버린 인연들 안쓰러워
덜컹덜컹
머물고 싶던 순간들
결코 멈출 수 없네
보고픔은 기다림
시나브로 밀고 가네
아쉬웠던 지나간 삶
자꾸 뒤돌아보며
멈칫멈칫 스치고 지나치는 사연
고비마다 흔들거리며 돌고 있네
가슴 맺힌 수많은 그리움
그 시간이란 웅덩이를 지나며
정화되어 지울 수 없는
사랑만 간직한 채로
지금도 돌고 있네.

쳐다보고 있음은

한낮의 구름을 쳐다봄은
님의 생각이 둥실 떠 가고 있음이오

밤하늘 별들을 쳐다봄은
님의 마음이 반짝이고 있음이오

새벽하늘을 쳐다보고 있음은
님의 음성이 들려오기 때문이오

진종일 쳐다봄은 하늘은 온통
사랑하는 님의 것이기 때문이오.

위형윤
魏炯允

프로필

호: 厚谷(후곡)

안양대학교 명예교수, 독일 튀빙겐대학교 히브리문학(Ph.D.), 시섬문인협회 이사, (재)한국기독교학술원 정회원, (사)한국문인협회 회원, (사)한국시인협회 회원, 한국공무원문인협회 회원, 착각의 시각 회원, (사)광명문인협회 회원

수상: Best Researcher Award, 소망학술상, 대한민국파워리더 교육문학부문 대상, 자랑스런한국인 교육대상, 공무원문학 문학상

시집:《기도로 쓴 시편》,《나는 늘 집으로 간다》 등

이메일: hywuy@hanmail.net

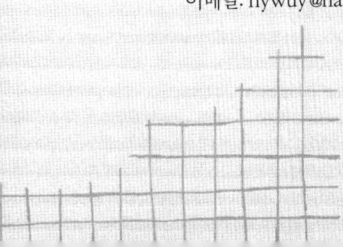

치어의 생명 외 4편

생명체 소리가 멈추고
적막감이 흐르는데
어항 속의 치어만이
생명이 살아 있으매
내 존재감을 느낀다

치어의 어린 생명
조그마한 공간에서
이리 왔다 저리 갔다
살고자 하는 몸부림에
내가 왜 사는지를 알겠다
생명은 사는 것이다

바람의 자리

묵묵히 서있는 소나무에게 물었다
너는 왜 서있기만 하니
아무 대답도 없다
그때 솔바람이 부니
소나무는 아 살 것 같다
역시 바람이 불어야 대답하는구나

바람은 보이지 않아도
스치는 자리가 있고
마음에 부는 바람의 자리는
상처로 남기도 하고
행복감을 주기도 한다

산 위에서 부는 솔바람도 좋고
거친 광야를 휩쓰는 회오리바람도 좋다
사람의 바람기도 좋은 것이다
바람은 보이지 않으나
바람이 부는 자리에
끼를 남겨서 좋다

기억

노트에 기록하지 않고
녹음기에 말을 새기지 안 해도
흘러간 미래가 솟아오르며
새로운 봄 나라에
한 송이 꽃으로 다시 태어나니
새록새록 기억이 난다

모든 것을 다 내려놓고
막다른 골목에 이르니
내가 꽃이 되고
새가 되어 날아가
기억 속에서 속삭이며
새록새록 생각이 난다

어머니의 젖줄

어머니의 젖은
그냥 나오지 않는다
탯줄에서 나오고
핏줄 타고 흐른다

어머니의 젖줄은
그칠 줄 모르고 흘러내리며
피가 되고 살이 되어
자식을 살리는 생명줄이다

사랑 사랑 모성
내 안의 몸속에
어머니가 살아 숨 쉬며
젖줄은 내 길을 인도하니
가지 말라는 길 가지 않으리라

외로운 행복

어머니의 냄새가 진동한다
냄비에서 배추 된장국이 끓고
압력밥솥엔 하얀 김이 뿜어 나오고
시금치무침 고등어구이
두부 탕수 냄새가
쪼르륵 뱃 소리를 진동시킨다

온 식구들 식탁에 둘러앉아
만끽하는데
만족한 얼굴로 미소 짓는 어머니
지금은 여기 안 계시고
흘러간 세월 속에
식구들도 뿔뿔이 흩어져
나 혼자만이 옛일을 생각하며
외로이 행복을 먹는다

최미정
崔美貞

프로필

아호: 小姬(소희)
《대한민국詩書文學》동시 부문 대상, 등단(2009)
서정문학 아동문학작가 · 시서문학 동시작가 회장
한국예술문학총연합회 부회장
시와수상문학 이사, 현 시섬문인협회 회장
시인의세상문학 · 예망성문학 · 서정문학 초대작가
수상: 대한민국시서문학상, 시와글사랑 문학상, 시와수상 문학상, 박건호 문학상
　　　전국 백일장 동시부문 금상(1978)
저서:《빈 가지에 이는 저 바람소리》,《별땅이의 겨자씨앗과 만나》,《소희는 생각
　　　쟁이》
낭송 CD 출품작: '내 어머니' 외 다수
시섬동인지: 제7집《모자이크》~제20집《모닥불은 아직도 타오르는가》
공저:《황금찬 상수연 100인 송수집》외 다수
CBS방송 '한낮의 휴게실', '김민식의 찬양의 꽃다발' 출연, 서라벌TV '시인의 뜨
락' 출연(제7, 26, 34, 39회), 전 극동방송 아나운서
이메일: cmj2781@daum.net

꽃비 꽃눈 내리면 외 4편

화려한 봄날
소꿉친구랑
꽃구경 나서자
살랑살랑 바람 타고
꽃바람이 분다.
벚꽃 그늘 아래
도시락 풀어놓고
봄 이야기 나누다
친구는 꽃비라 하고
난 꽃눈이라 한다.
새들의 옹알이다
꽃바람이라고 불러도 좋아
이런들 어떠하리
저런들 어떠하리
화려하고
우아하게
피고 지는
꽃 중의 꽃이지
꽃비가 내리고
가지마다 알알이

쥐눈이콩 알처럼
버찌 열매로 열리겠지.

청포도 익어가는 본가

뜨거운 불태양 아래 열기로
연둣빛 알알들이 맺혀
익어가는 계절이 왔다.

통통한 열매
탱글탱글
탐스럽게 열려
싱그러운 맛을 품고

비취 알처럼 영롱한
보석 알이 하나가 되어
커가는 청포도 알

본가 정원엔
시절을 좇아
달콤하게 익어가는 7월

새콤달콤한 싱그러운 맛
내 본가의 청포도가 익어가는 계절이 왔다
내 그리운 향수다.

시월의 중턱에서

시월의 중턱
뚜두두둑 떨어지는
빗방울 소리는
온데간데없고

상아빛 곱게 물 들여
서산마루 중턱에 걸터앉아
누굴 그리도 애타게
기다리고 있는 게요?

구름떡 한 광주리 머리에 이고
갈바람 손잡고
어디메 그리그리 바삐 가시오?

재 넘어 가시걸랑
억새 바람 손잡고 가게
나도나도 데리고 가소

옛이야기

하얀 파도 뒤로
높은 하늘이 서서히 물들어오고
잔잔히 넘나들던 푸른 물결이
붉은 노을 속으로 빠르게 빨려 들어간다

하얗게 사위어가고
손톱 끝에 봉선화 물
반달 모양으로 웃고 있다

아련한 먼 추억 속으로
나를 데려간다

흰 눈 소복소복 내리는 날
화롯가에 앉아
호호 불며 먹던
취떡 알밤 군고구마

외할머니 구연동화 들으며
자장가 노래에 꿈꾸던 시절

그립다는 말보다
보고싶다는 그리움보다
눈가에 붉은 노을빛이
그렁그렁한 밤

[동시] 아가야

너만 보여
채송화 닮은
예쁜 미소
귀여운 몸짓
한 송이 꽃처럼
사랑스런 아가야

발그스레한 볼
새들의 노래처럼
맑고 청아한
너의 목소리
귀여운 모습
사랑에 빠진
·
·
·
할미꽃이란다

이창선
李昌善

프로필

아호: 魅峰(매봉)
2006년 《서라벌문예》 신인상 수상
(사)한국문인협회 회원
서라벌문인협회 고문
서초문인협회 이사
시섬문인협회 이사
2022년 서초문학상 수상
2013년 대한민국 보국훈장 '광복장' 수훈
시집:《3050 아름다운 이야기》,《세월歲月》
공저시집: 시섬 동인지 제18~21집,《문학서초》외 다수
이메일: lcs0444@hanmail.net

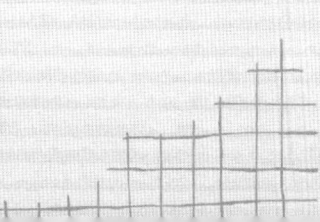

그대가 있어 행복하다 외 4편

광야의 초록 군락지
그대를 바라보노라면
초록의 화려한 자태를 뽐낸다

신록의 계절
커피 한 잔의 여유
삶의 활력으로 승화시킨다

호연지기 다짐
내 곁에
그대가 있어 행복하다

설레는 마음으로
그대를 움켜잡는다.

교대

당신
내 곁에 오던 날
행복의 콧노래 부른다

겨우내
얼어 있던 산야
이제 떠날 채비 서두른다

한 발 앞으로 다가선 봄
싱그럽고
상쾌하다

세월의
교대 법칙에 순응하련다

그럼
나도 행복
너도 행복
모두 행복 배가 되리라.

날개

새의 날개처럼
어디든지 날아갈 수 있다면
그대와 함께 훨훨 날고 싶다

소리의 날개 펴고
소망의 목소리 들어줄 수 있다면
그대를 위해 행복의 메신저가 되고 싶다

새와 소리의 날개 달아
그대의 마음 보듬어줄
행복 주치의가 되고 싶다

식어가는 사랑과 우정의 끈
이어 주는
인술 펼칠 기회 주소서.

벚꽃의 변신

봄의 전령사
벚꽃의 변신은 무죄로다

꽃몽우리 머금고
금세 꽃잎 활착하다

탐방객에게
감탄과 행복감 나눔 하다

여러 날도 뽐내지 못하고
어느 날 낙수되어
꽃잎으로 변신을 꾀한다

벚꽃의 낙수
봄의 신록과 교대하여
상춘객의 마음을 사로잡는다.

청계산

바짝 다가선 봄

진달래꽃
생강나무꽃
새싹
솟구쳐 오른다

돌문바위
가슴으로 품는다

산행의
행복감 절로 묻어 나온다

청계산
매봉 표지석에서
그대를 움켜잡는다.

김백란
金白蘭

프로필

경북 상주 출생
원주 대성고등학교 졸업
한국방송대 국어국문학과 졸업
《한국문인》 등단
현 한국문인협회 철원지부장
시집:《스물일곱 배미의 사랑》,《할 말 있어요》
이메일: kbl4255@naver.com

태풍 외 4편

아이 잃은 어미의 절규인가
밤새 헤매이는 가엾은 울음소리
나무를 흔들어대고
지붕을 들썩이며
이 골목 저 골목을 누비고 다닌다

아이 잃은 어미의 슬픔에
하늘의 별들도 다 쏟아지고
달도 길을 잃어
어둠 속을 헤매이는데
나무를 붙잡고 골목길 벽을 붙잡고
꺼이꺼이 울어대는 바람아

밤이 새도록
너, 머물 자리 찾지 못하고
뜬눈으로 밤을 지새는구나

아가들아
어미들아

이제 그만 보채고
잠 좀 자자

서두르세요

입춘이 지났다고 입을 모아
이야기하지만
나뭇가지에 눈뜨는 새순들
아직은 멀었는데

늦장 부리지 말고
서두르세요
남쪽에서 바람 불어올 시간
멀지 않았어요
땅속에서 숨고르기 하는 뿌리들
아직은 멀었는데

농부 아저씨
언 땅이 녹기 전에
두엄 퍼내어 논에 밭에 펴놓고
햇살 좋은 날 골라서 일하려면
농사 준비에 시간이 모자라요

개울가에 버들강아지는
벌써 아롱다롱 솜털꽃을 준비하느라

추위도 참고
물안개 피어오르는 이른 아침부터
부산스럽게 바쁘대요

제비가 돌아왔다

농약 먹고 죽은
가난한 어머니와 언니 오빠들이
귀신 되어 뒹구는 마을 뒷이야기

어느새
농약 연구하는 사람들이
동물에 해가 없는 농약 만들었다고
소식 들려올 즈음

누구네 집에 제비가 왔다더라
또 누구네 집에 제비가 왔다더라
귀한 소식 들리고
제비 날갯짓 따라 반가운 얼굴들
소란스럽게 환영 인사 건넨다

남쪽의 어느 섬에서 본 것처럼
정말로 제비가 돌아왔구나
슬픈 일 어려운 일 있어도
이젠 농약 마시는 일 없겠지

제비가 돌아와
재미나는 세상 나누며 살고 싶어
제비똥 뚝뚝 떨어지는 처마 밑에서
즐거운 비명소리 들려온다

경포호에서

오랜 세월 지켜온 오솔길
해송이 하늘을 찌른다
길옆에 소복소복 쑥이 탐스럽고
호숫물 먹고 자란 뽕나무 순이 연하다

그녀는 수십 년 세월을
삼박사일에 담느라 분주하다
쑥 한 움큼 뜯어
우리의 이야기도 쑥 틈에 여며 담는다

사는 게 뭐 그리 대단한 일이라고
이 핑계 저 핑계
나이 먹었다고
코로나가 길을 막았다고

달려와 보니 그녀는
아직도 옛 모습 그대로인데
수십 년 세월을 호숫물에 흘려보내고
어릴 적 동심으로 돌아가
투정부리며 걷는 산책길

향기로운 바람 촉촉한 오솔길이
마냥 좋아
이대로 바람이 들려주는 옛이야기 나누며
걷고 또 걷는다

겨울 풍경

바람이 차다
아직도 나무에 매달린 마른잎들이
추위에 오들오들 떨고 있다
빈 가지들이 제 모습 다 드러내고
겨울바람을 맞는다

찢어진 솜털 같은 구름이
한층 더 추위를 부추긴다

저수지 가장자리에서
얼음을 지치는 아이들이 보이고
순백의 배경 안에서
아이들의 노는 모습이 선명하다

나무 몇 그루
아이들과 함께 놀고 있다

김숙경
金淑卿

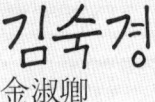

프로필

아호: 예현, 예은
시인, 서예가, 화가
캐나다 한인여류문인협회 회장
캐나다 에드몬톤 얼음꽃문학회 5대 회장 역임
서울공립고등학교 교감 명퇴
한국현대시인협회, 서초문인협회 이사
국제PEN클럽 한국지부 이사
시섬문인협회 이사, 한국문인협회 회원
한국 좋은 글 작가회 캐나다 지회장
수상: 제17회 영랑문학상 본상, 해외 문학상 수상
    항일 민족운동 윤동주 문학상 최고상 수상
    문교부 장관상 2회 수상
    제17회 서초문학상 본상 수상
    시섬 박건호문학상 수상
저서: 시집 《시월애(詩月愛)》, 《백지 도둑》, 《삶, 꽃, 비 앓이》

삶 앓이 - 스크린 도어 외 4편

열차와 승객 틈과 틈에서
'위험 방지'
'문화 공간'으로
한 시대의 명물이 되었다

삶의 밭에서 피운 형형색색의 시 꽃
빠른 생의 속도에서
느리게 가라는 신호를 보낸다

바쁜 일상을 나르며
숨겨 놓은 행복의 점 하나를 꽂는다
너에게 나에게

사람의 숲에서
곧은 길이든 굽은 길이든
허기진 빈 가슴 채우며 가라 한다.

삶 앓이 - 김치의 詩

빳빳하게 콧대 세운 그녀
해수탕에서 시원하게 목욕재계라도 하면
반지르르 윤기 나는 몸매로 뭇시선을 유혹할까
화장으로 멋스럽게 치장하면 허벅지 굵은 항아님께 시집갈까

익을수록 감칠맛 나는 숙성된 멋쟁이
식탁에 그녀가 오면 모두 웃음꽃 핀다
이미지로 시(詩)를 버무리고
속속들이 배도록 정성을 담으면
깊은 인식의 바다에서 날개 퍼덕이며 살아나는 시어들

손맛 심(心)맛 모두 잘 버무렸다고 끝이 아니다
펄럭이는 잎들을 묶어주던 엄마의 손맛을
오늘은 시로 지어 밥상에 올리고 싶다.

삶 앓이 - 목화

따뜻한 것들이 무량으로 그리운 날
어머니 품속 같은 너에게로 간다
붉은 석양에 부끄러움을 감춘 너는
뽀오얀 홍조 띤 수줍은 신부였네

어릴 때
너의 꽃망울을 따 먹었던 달콤한 기억
시집간다고 목화솜으로 이불을 꿰매주시던 손길
햇살 담아 몽실몽실 피어난 솜 꽃
어머니 사랑 꽃이네

삶 앓이 - 당신은 누구십니까?

당신이 누구길래 세상을 온통 뒤집어 놓습니까
당신이 무서워 마음대로 다니지도 못하고
두려워 얼굴을 마스크로 가리고 다니지요
세상을 뒤흔든 엽기적인 당신은 저승사자 같아
어떤 존재인지 그 실체를 보고 싶어요

보이지도 만져지지도 않는
당신을 꼭 만나 따지고 싶어요
왜 사람들의 두려운 존재인지

세상이 당신을 보듬으면
순한 양이 되어 세상을 아름답게 가꿀지도 모르겠어요
당신이 누군지 정정당당하게 나와
세상을 안심시켜 주면 안 될까요

언젠가는 당신을 미워하지 않고 배려할 수 있도록
당신을 만나 볼 수 있을까요.

김숙경

삶 앓이 – 남편, 그 이름에

어느 중년 남성의 뒷모습이
왜 이리도 짠할까
살아온 날의 무게에 짓눌려 한쪽이 기울었다
아내의 바가지 무게를 못 견디고 기가 꺾여서 내려앉았을까
아래에서 치고 올라오고 위에선 짓누르는 샌드위치맨으로
얼마나 고달플까 '아빠 힘내세요.' 요즘 아이들이 부르는 노래다
얼마나 아빠들이 사는 게 힘들었으면 아이들까지 이런 노래로
아빠에게 힘을 실어주려고 했을까

낮에 백화점이나 레스토랑에 가면 주로 여성들이 바글바글하다
남편이 일선에 나간 사이 아내들은 친구들과 먹고 마시며
수다로 시간을 보내는 팔자 편한 여인을 자주 본다
안타깝고 부끄럽다

남편들이여 힘내세요
어떤 경우도 당신의 어깨는 가족 사랑의 징표지요
열심히 당당하게 어깨에 힘을 주고 걸으세요
당신은 가족의 보배임을 잊지 마시고
하늘을 떳떳하게 바라보며 어깨를 쭉 펴고
나 보란 듯 반듯하게 걸어가세요

내려앉은 당신의 어깨는 식구들의 밥이었고
삶을 지탱한 자랑스러운 기둥이었음을

남편님 아자 아자 화이팅!

김소희
金小燨

프로필

서울 출생
시인, 시낭송가
월간 모던포엠 신인상 수상 등단
님의침묵 서예 초대작가, 시섬문인협회 부회장
인사동예술인협회 낭송이사, 21세기 아트컴퍼니 이사
중등교사, 유아교육과 외래교수 역임, 탑실크상사 기획실장 역임
문학치유지도자과정 수료, 한국문인협회 시낭송지도자과정 수료
재림문학상 수상, 수원화성 전국시낭송대회대상 수상, UN평화모델시니어진 수상
예술로 마음밭일구기
시집:《숨비소리》
공저:《시와 에세이 2》, 시섬동인지《모자이크》,《구름 위에 띄어볼까》,《캡슐 사랑》외 다수
이메일: youjingrace@hanmail.net

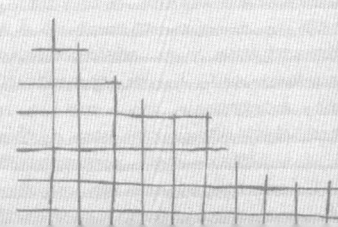

틈새 외 4편

보도블록 틈새 비집고
노란 민들레 피었네
내 가슴 틈새로
그대 떨어져
아무도 모르게
꽃을 피웠네
나도 그대 틈새에 들어가
꽃을 피우고 싶다

아!
나는 알았네
꽃 한 송이 피우는 데 많은
땅이 필요하지 않다는 것을
작은 틈새도
제 할 일이 있다는 것을

인연

당신은
나뭇잎 파르르 떨게 하는
한 소절 산새 울음인가요
나뭇잎의 겨드랑이
간지르다 떠나는
이슬인가요
아침 한나절 풀잎 끝에 쉬었다가는
바람인가요
호수에 머물다 가는 구름인가요

아!
당신은
때가 되면 먼 길 떠나는 철새인가요
벗어놓은 신발에 잠시 고여 있는
달빛인가요
머나먼 우주에서 오랜 세월 다하여
다가온 달빛인가요
우리의 인연 기찻길이라 하여도
당신이 내 곁에 머무는 지금은
37.5도입니다

부뚜막과 운동화

한겨울 엄니는 부뚜막에 닦은
운동화들을 나란히 세워두었다
밤사이 문수가 다른 운동화엔
별들이 빼꼼히 열린 부엌문 새로
들어와 앉기도 하고 달빛이 고여 있기도 했다
신발 주인들이 곤히 잠들어 있는 새벽
엄니는 장독대에 정한수 한 사발 떠 놓고
문수 다른 신발 주인을 위해
손바닥 비비시며 기도하셨다
기도 소리를 다 들은 신발들은 차례로 부뚜막에 옮겨졌다
아침이면 식구들은 운동화 속에 고인
별빛이며 달빛 그리고 눈을 털어
신고 각자의 일터로 갔다

숨비소리

호오이익 —
휴아아아 —

숨비소리다 나이든 해녀 길례가 젊은 것들에게 당부한다
'욕심내지 말고 딱 너의 숨만큼만
있다가 오거라'
울산서 흘러들어온 물질 배운 지 삼년 된 젊은 옥녀가
바닷속 바위틈에 손바닥만 한 전복을 보고 욕심을 낸다
8할 숨이 이미 소진되어 솟구쳐 올라가야 하는데
괜한 욕심으로 바위틈에 갈고리를 뻗는다
거듭되는 헛갈고리질에 9할 숨이 소진되어도
미련 버리지 못하고 전복과 사투를 벌인다
9할 5부 숨이 소진되는데 손이
바위 틈새에 끼었다 당황하여
몸부림치다 살점 떨어지고 바다는
핏빛으로 물든다
완전 소진된 숨에 눈알이 튀어나오고
의식을 잃는다
주인 잃은 테왁만 바다에 저 홀로
둥둥 떠있다

대평리 박수기정*에서

대평리* 저녁 바다 윤슬이 반짝이고 있다
바다에 거대한 물고기가 사는 듯
물비늘이 반짝인다
억겁의 절벽처럼 그 물고기도
억겁을 살아온 듯…

아득한 삶의 절벽도 지나왔건만
때때로 삶은 막막하기만 하다
저멀리
형제섬이 술잔을 앞에 두고 나란히
앉아있다

형제섬 위 구름 사이로 노을이 진다
노을 따라 마음도 붉어지고
저녁 어스름이 내 빈 가슴에 들어찬다
가지 않은 길
못다 한 사랑 가슴에 품고
지는 해를 그저 멍하니 바라보고 있다

* 박수기정: 박수는 '바가지로 마실 샘물', 기정은 '솟은 절벽'
* 대평리: 제주도에 있는 마을. 옛날이름 난드르 – 길고 평평한 들판

김상경
金相暻

프로필

호: 向明(향명)
《문예사조》등단, 1970년대 전주 신석정(辛夕汀) 문하
양천문인협회 제7대 회장 역임
현 한국경찰문학회 수석부회장
시섬문인협회 수석부회장
한국현대시협 이사
서울예술가곡협회 문화예술 교류위원장
시가모 한국인사동예술협회 회장
양천문학상 수상, 제32차 전국문인대표자 대회 즉흥시 장원(최우수상)
제31회 한국예총예술문화상 대상(지역)
시집:《고요한 것이 수상하다》(시문학사)

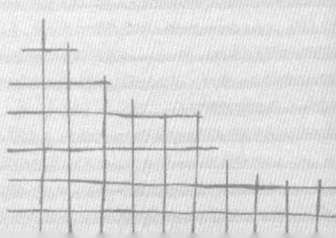

연애론 외 3편

누구는 사랑
즐김이라 했다

세월이 낡아진 뒤
그래도
누구는 아파했고
또는 덤덤했다

고장난 시계같이
추가 아스라해질 무렵
그것은
지나가는
여름날의 한줄기 바람

누구는
겨울의 삭풍이라고
주장하였다

그 — '아침 이슬'을 불러주었던

그 영정 앞에
우두커니
기도 한 장 올려 주고 왔네

인사 한번 나눈 적 없지만
우리 어둠 속에
험한 골짜기를 지날 때

가냘픈 음성으로
절망의 안개를 몰아내고
아침 햇살로
당신은 오셨네

구로동 공장 안개 콜콜한
회색의 시절
풀잎처럼 눕혀지고
부스스 일어났던
그대와 나
일용양식에 매달려
당신의 노래를 잊었는데

어둠이 깊을 때
그늘진 터
습진 곳에
당신은 기타를 치며
누룩처럼
웃고 있었네

햇살같이 여전히 웃는 앞에
국화 한 송이 기도 한 잎 얹어놓고
내려오는 혜화동 길에
별을 먹은
장마비가 죄스러운 듯
땀흘리며
조문하고 있었네

관순 누님

나는 열두 살 소년
그때 부르던 이름 위에
누님 자를 얹어 불러 본다
다정스런, 꽃물 들여주던
담 넘이 누님
삐삐꽃 따러 가고
함박꽃 웃음짓던
달덩이 누님

그 누님, 파고다에서
만세 부르고
둥실둥실 기차 타고

여린손
독립독립 대한독립 만세
아우내 장터 태극 꽃
꽃꽃꽃
태극기 휘날리고
목이 터졌네
목화밭 저고리

황토빛 되도록
부르고 부른 노래
대한독립 만세
만만세

갈빛 재판정
"귀와 코가 잘리고
손과 다리 부러져도
그 고통쯤이야…
나라에 바칠 목숨
하나밖에 없음이 내
유일한 슬픔"이란다

갈라진
누님의 쉰 소리
눈감고 듣는다

살아 생 있었다면
대한이 있었다면
지금쯤

아들 그 아들의 아들이
할머니로 불렀을
백발의 고결한 이름

가시버시
아내 어머니 이름으로
생의 고랑
갈아볼 한 뼘 기회도 없었던

조국의 누우런 하늘 밑에
목이 꺾인 소녀

나는 열두 살 소년
그때 부르던 하늘 위에
이름자를 가만히 불러본다

관순 누나
일흔 소년
지금도 삼월이면
목메이는

영원별 우리 누이
담넘이 박꽃 같은
하얀 누나
관순 누님

노을

그간 말이 많았구나
가슴이 잔뜩 흙탕물을 적시고
한 생애가 내놓을 것도 없이 저문다
침묵의 언어
노을에 걸쳐

줄 것 없는
못난 애비
너에게 남길 주홍의 유산

최경선
崔京善

프로필

여수시 거문도 출생
시집:《어찌 이리 푸르른가》(2007)
　　《그 섬을 떠나왔다》(2020)
시섬 동인지 제5집《도자기의 노래》~제20집《모닥불은 아직도 타오르는가》
이메일: cksun1008@hanmail.net

푸른 잎 하나 달지 않고 외 4편

새싹 몽우리 암팡지게 품고
감나무 집 지붕까지 제 그늘 내려놓은
오래된 나무를 톺아봅니다
우듬지로 낮볕 모여드는 시간
드난살이하는 늙은 고양이
제집인 양 가지 위에 웅크려
가릉 가으릉 거리다 몸 핥고
멧비둘기 사납게
꾸욱 훅 꾸욱 훅 우짖으며
드러난 둥지 돌고,
돌다 나무 품에 깃듭니다
팔백 넘은 노거수
자전거 페달 밟으며
살랑살랑 달려가는 아가씨 지켜보다가
덩달아 흔들리는지 살랑 경쾌합니다

더디게 오는 봄 기다리며
푸른 잎 하나 달지 않고
만화경 같은 풍경 눈부시게 펼쳐두는
장수동 은행나무 우러러봅니다

카르페디엠

비 쏟아지는 밤
낯선 이의 집 찾아 달리는 삶도
받아들이니 견딜만합니다
오늘만 가면
오늘만 지나면 괜찮다고
불빛에 도사린 위험 허다해도
두 눈 부릅뜨고 버텨냅니다

누구에게랄 것 없이
살아야지
암 살아봐야지
혼잣말하는 사람을 태우고 달립니다
치밀어 오른 슬픔 무엇인지
알 수 없는 말 연신 주절거리며
우라질 욕을 한바탕 게워냅니다

속도 없이 배알도 없이
세상 나만 힘든 게 아니라서
다행이라 생각하며 그저 달립니다

은순씨의 정방폭포

북장구 두드리면
거북 연못으로 올라와 장단 맞춰
춤췄다는 이야기
한두 번 들었구나 싶었다네요
확인해 보고 싶은지라 따라나설 요량으로
바지춤 단디 추스르는데요
가파른 계단 내려간다는 말에
담벼락에 핀 수수꽃다리만 흠흠댔데요

절벽 위 노송 널따랗게 펼쳐놓고
아래로 부서지는 물줄기
기다랗게 두 팔 벌려 우람하게 보여준 곳

한라산
백록담에서 흐르고 흘러
푸른 절벽을 지나 드넓은 바다를 이룬다
그이가 들려준 전설
은순씨, 참따랗게 믿고 있네요

끙

처음은 희망에 들뜬 채 사력을 다해 참는 아픔이었죠

씩씩대며 뭉뚱그려 앓거나
쓰러진 나무를 일으켜 세우기도 하고요
아리송하게 잔소리 뒤에 나오는 군소리 같기도 합니다
때로는 한데 뭉쳐
넘어진 바위를 너끈히 밀어 올리는 힘이기도 했습니다
통증에 뒤섞여 불시에 나오는 끙끙거림은
알아봐달라는 살기 위한 몸부림이고
어느 날은
지하철 계단에 엎드려 있는 절실한 몸짓이었습니다

나름의 기호를 꾸며도
불분명하게 신경 끌어당기며
결마다 낯설게 다가오는

품

울울창창
천 가지, 만 가지
품 키우는 나무를 바라봅니다
울타리 밖 언저리
질경이 괭이밥 꽃다지에
날마다 발그림자 포개는 장수 나무
삶에 지친 사람, 손잡고 걷는 연인
가닿을 곳 없어 찾아든 이까지
말없이 안아줍니다
오가는 이 많아도 머무는 사람 없어
저 홀로 서 있는 장수동 은행나무
하늘도 새도 사람도 가슴에 들이느라
오늘도 품을 넓힙니다

안성수
安聖洙

프로필

호: 一竹(일죽)
한국공무원문인협회 편집주간, 한국수필가협회 회원
한국문인협회 안양지부 이사, 시섬문인협회 이사
국제문화예술협회 회원, 이야기가 있는 문학풍경 회원
열린문학 국제문학회 회원, 체인지 아트 그룹 회원
한국공무원 문학 수필 신인상(2003년)
제10회 황금마패문학상 수필부문 금상 수상(2003년)
제14회 황희문화예술상 시 부문 신인상 수상(2004년)
제10회 열린문학 본상 수상 (2004년)
제25회 한국효도회 효행상 수상(2013년)
법무부장관상 2회 수상(1984년. 2013년)
옥조근정훈장 수상-대통령(2016)
제15회 한국공무원문학상 수상(2019년)
제22회 대한민국환경문학상 대상 수상(2024년)
수필집:《추억이라는 페달을 밟으며》(2004년),《사색의 창가에서》(共著, 2004년)
시집:《마음의 정원》(2009년),《마음의 풍경》(2016년)
공저 시집:《무지개 사냥》(2018년),《오직 한 사람》(2019년)
《우리가 더딘 발걸음으로 걸어가는 것은》(2020년)
《배부른산》(2022년),《모닥불은 아직도 타오르는가》(2023년)
소설:《하산(下山)》(2003년)
이메일: ajeaseass@hanmail.net.

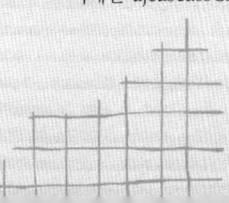

봄날은 간다 외 4편

아지랑이 춤사위 따라
대숲 흔드는 바람소리와
버들강아지 피리소리에
꽃들의 자지러지는 소리는
에돌 시간 없다는 듯이
살랑살랑 봄날의 하루가
강물처럼 쉼 없이 흘러간다.

떠나고 기다리는 간이역은
내 마음을 흔들어 놓고
꽃 진 자리에 실금이 박히듯
영혼의 꽃으로 피고 지는
치명적인 그리운 사랑도
해맑은 고운 햇살에 녹으며
내 인생의 봄날은 간다.

장미꽃 · 1

청명한 5월의 햇살 아래
첫날밤 신부의 수줍음 타는 볼처럼
가슴속 사랑의 불씨 하나 지펴
오르가슴에 자지러지고
내 마음도 붉게 붉게 물든다.

어쩌면 긴긴 이 밤을
요염하게 붉게 물들이고
화려한 드레스 우아한 자태로
처연하게 피어있는 저 장미는
누가 그 입술에 키스를 했나?

너의 유혹에 빠져들어
눈물겹게 사랑을 나누며
네 마음의 향기에 중독되어
맑은 영혼의 눈물로 승화되는
행복으로 핀 내 사랑 장미꽃

음악을 들으며

비 오는 날 카페에 앉아
비발디의 사계(四季)를 들으면
아픔과 슬픔을 조율하는
그 생명의 물결이
나의 가슴을 물결치게 한다.

성난 파도처럼 때론 몸살 같은
그리움은 되돌이표가 되고
텅 빈 것은 울림을 담는 것처럼
사랑은 오선지 위 고운 선율인가 보다.

가을날 오색 빛의 향연 같은
아름다운 음악은 내 맘속에서 살고
봄빛 같은 고운 결로 남는다면
내 영혼은 홀로 있어도 행복하네.

여름밤

미리내는 강물처럼 흐르고
달빛이 고고히 빛나던 밤
고운 님의 숨결 같은
여름밤은 한없이 깊어만 가는데
얼마나 아름다운 밤인가?

밤이 이슥히 이지러지면
점박이 바둑이 깊이 잠들고
휘모리장단으로 치닫는
바람마저 멈칫 돌아서는
여름밤을 하얗게 지새우네.

별들이 무리지어 흐르던 밤
생은 여귀처럼 자라나고
바람의 촉수가 바이올린 활 되어
대숲의 바람소리 들으며
불타는 내 영혼이 밤을 지킨다.

심향(心香)

켜켜이 쌓이는 마음의 단층
조약돌같이 매끄럽게 다듬으면
마음의 풍경이 달라질 수 있고

마음의 둑이 무너지지 않도록
슬픔의 리듬은 흘려보내고
마음의 기울기를 보정해야 하리.

잃어버린 마음의 색상을 찾아
메아리 소리 들리는 마음 언덕에
연초록으로 물들여야 하고

따뜻한 사랑의 마음으로
가끔은 마음속에
넓고 깊은 바다를 품어야 하리.

저 영롱한 아침 이슬 같은
결 고운 심향 마음 깊이 담아
잔잔한 윤슬처럼 빛나고 싶네.

한선향
韓善香

프로필

2005년 《心象》 신인상으로 등단
시낭송가, 시낭송 지도자
한국시낭송가협회 부회장
한국문인협회 이사, 대구문인협회 이사
국제펜클럽 이사, 시섬문인협회 고문
여성문인협회 회원, 심상시인회 회원, 싸리울문학회 회원
시집:《비만한 도시》
시섬문학상, 시섬공로상 수상
국제펜 낭송 문학상 수상

내 몸통에 봄을 이식하고 있다 외 4편

해마다 어김없이 찾아오는 한 마디의 봄
천천히 아껴 걷는 길에서
어쩔 수 없이 속독으로 읽을 수밖에 없는
오늘의 봄이 구겨진다
내가 딛고 온 길들을 말줄임표로 밀어 놓고
소망 한 줄 늘어뜨린 시계추가 똑딱똑딱
황혼의 꽃바람을 일으키고 있다
낡은 바람의 문체로 완성한 꽃은
내 안에서 수시로 변하는 카멜레온
환상의 봄을 지금 내 몸통에 이식하고 있다

수도꼭지 물방울들

똑똑 떨어지는 수돗물 소리
베란다 한끝에서 자정 너머에 침묵을 흔들어댄다
수도꼭지에서 떨어지는 물방울들
점점 몸 부풀리며 큰 강에 이르기까지
시작과 끝을 관통하며
잴 수 없는 속도에 실려 갈 시간 재고 있다

수도꼭지에 매달린 물방울들
철망 낀 검은 하수구로 스며들기도 하고
타일 위에 톡톡 튀어 오르기도 한다
삶이 상스러워 토사물처럼 토해내고 싶을 때 있다
낮은 곳으로 몸 낮추어야만 하는 본성을 깨뜨리고 싶어
자기 몸을, 물방울은 이렇게 한 번씩 튀어 보기도 하는 것이다

낙엽의 헌시

홀로 적막이 되는 지금
누군가 흘리고 간 뒤태를 지우고자
좌르르 흩어져 내리는 낙엽들
커피 향 짙은 탁자 위
한 잔 그늘이 깊고 쓸쓸하다

낙엽 문신이 글러브처럼 찍힌 보도블록 사이
생살 속을 파고들며
회오리바람이 생살 속을 파고 든다
처절한 울림의 바람소리
갈색 추억의 온도를 점점 높이고 있는

낙엽이 쌓이고 생각이 쌓인 창가
빗물 스미듯 어느 생애가 나를 들여다본다
더 이상 돌아갈 수 없다 해도
전생을 잇는 풀씨 하나 내려놓아야 할 것 같은

삶이 채집한 언어들을 가둔
속살 층층 깨알 같은 낙엽의 헌시
내 시작노트에 시(詩)의 씨앗을 파종하고 싶은

수의 입은 미꾸라지들

수의 입은 미꾸라지들 하얀 쟁반 위 줄지어 있다
그들 가슴 벙싯 솟아올라 봉분 쓰고 누워
몇 겹 생을 매단 그들의 보금자리 생각하고 있는지
뜨겁게 몸 달구던 절정의 순간에도
유영하던 자유의 품속 잊을 수 없어
눈 감지 못한 허연 눈망울
마른침 삼키며 들여다보는 사람들의 목구멍
올려다보고 있다

탁탁 튀는 고온의 열 받은 구릿빛 몸뚱이
일렬로 열 세운 사열식장
노가다 김씨와 박씨 허기 달래주는
막걸리 한 사발과 동행하는 길이라고
쟁반 위 꼬리만 남은 유언들
한 무더기 침묵으로 내가 문상하고 있다

청바지

머리카락 허옇게 드리우고
다리 힘 빠져나가도
마음만은 청바지라네

반은 서럽고 반은 억지라지만
청춘은 바로 지금이란 내 마음

이창호
李昌鎬

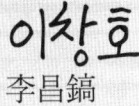

프로필

아호: 好山(호산), 전북 정읍 출생
1971년 전주고 졸업
1975년 서울사대 졸업
2007년 《시와 시학》으로 등단
2009년 첫 시집 《세상에서 가장 빛나는 거울》 출간
2022년 제2시집 《6호선 갈아타는 곳》 출간
시와시학과 시섬문인협회에서 동인 활동
2018년 삼육대 교수 퇴임. 화초와 텃밭 가꾸기 취미
이메일 : lch8459@syu.ac.kr

황천길을 보다 — 미 서부 여행/
그랜드 캐니언 외 4편

한 발 더 내딛으면
더 내딛으면
천 길 낭떠러지

어지러워 어지러워
다 내려다보지 못하는
아, 저 깊이와 아득함

저 아래 바닥으로
한 줄기 누런 물이 흐르고

생사의 갈림길
그 황천길이
살아있는 내 작은 눈에
한눈에 들어온다

나뭇잎
계곡 아래로
또 하나 진다

요세미티 주인은 누구인가
— 미 서부 여행/하프 돔 (Half Dome)

요새 밑에서는 무슨 일이 있어나는지
까맣게 모르는 주인 친구,
트럼프가 미국 대선에서 떨어지게 될지
프랑스 파리 올림픽이 어떻게 되어가는지

산능선 넘어 물길 따라 내려선 그곳
그 별천지 같은 곳을
우리도 전혀 모른다
복숭아 도화꽃 핀 그곳을

그 주인은 어쩌다 얼굴이 반쪽이 났는가
얼마나 멋진 인물이기에
또 무슨 잘못을 저질렀기에
신들의 시샘 받아 저리도 파괴됐는가
그리고 한쪽에선
신부 면사포만이 지금도 하늘거리는가

우린 많은 탐사객들과 함께
웅장한 바위절벽 아래로

요란한 폭포 흐름 아래로
몸을 담그고 마음을 쉬며
먼 옛날 사연곡절을 상상해 본다

비행선을 타고

창 하나 사이에 두고
비행기 엔진룸과 나
아주 가까이 사귀고 있습니다

하얀 구름 초원
발 아래 두고 아주 조용히
높은 허공을 가고 있습니다

구름 솜이 한쪽으로 몰렸을까요?
구름 사이로 내려다보이는 푸른 바다는
마을의 개울 같습니다

파란 구슬만 한 태양
푸른 지구별 사이로
우리는 비행선을 타고
항해를 계속하고 있습니다

우리는 이 허공 속에서 아무 무서움 없이
아주 작은 걸음
아장아장 걷는 기분입니다

이창호

춤추는 장삼 자락 — 미 서부 여행 / 앤털로프 캐니언

한 계곡이 있어
평평한 언덕 사이로
한 계곡이 있어

하 교수* 색띠 그림이
저렇게 춤추고 있을 줄이야
하늘 가까운 저곳에
출렁이고 있을 줄 몰랐다

주홍 주황 진홍 감홍
그 변화의 끝은 어디인가
보라색의 변이는 또 어디부터인가

내 머리 위로
장삼 자락 휙 던져올려 펼쳐 보이는

색의 조화에
그 색의 변주에 멍때려
나는 움직일 줄 모르고

그만 어둠 속 바위가 된다

*하 교수: 화가 하태임 교수. 추상파 화가 하인두 선생의 따님으로 색띠 그림으로써 색의 정원을 가꾸어 가고 있다. 삼육대 교수 역임.

에스칼란테 호수를 카약으로 건너며

내 언제부터 대양을 사모하여
물을 보면 몸을 담그고
조각배 위에 한가로움 누린단 말인가

파란 물 푸른 하늘 사이
출렁이는 물결 타고
하늘을 나는 기분
산타루치아를 부른단 말인가

물속 고기들
하늘의 새들아 다 모여라
우리 함께 즐거움을 나누자꾸나

미인과 둘이서 노 저으니
호수를 쉬 가로지르고
노랫소리를 높이니
호탕(浩蕩)한 마음 영웅이 따로 없구나

조은숙
趙恩淑

프로필

아호: 다솜
계간《스토리문학》시 부문 등단
교육학 박사
시섬문인협회 이사
한국스토리문인협회 회원
동인지:《섬은 물소리를 듣지 않는다》등 다수
이메일: cloudsook@hanmail.net

시인은 새소리를 번역하고 싶다 외 4편

은빛 햇살 내리쬐는 한나절
시인은 옥녀봉* 꼭대기에서
새들과 풀벌레 둘러앉아
마음을 나누고 싶다

그들과 이야기 주고받기를
오늘만도 한나절인데
시를 쓰는 시인이

새소리를 받아쓰지 못해
풀벌레 이야기를 글로 쓰지 못해
생을 한탄하는 것이다

내세에는 시인보다
그들의 이야기를 받아쓰는
번역가가 되고 싶다고

---

* 옥녀봉: 서산시에 위치한 산

기다림

어린 시절 장에 가신 어머니를
나 이렇게 기다려 본 적이 있었지

새벽보다 먼저 일어나
겨울보다 눈이 먼저 오기를 기다리던 날같이
생각보다 앞서는 마음 길
열지 않아도 열리는 마음문
보낸 일 없는데도 달려가 있는
얄궂은 그리움이다

올 사람이라면 오고야 마는 것을
성급함에 앞서 고개를 늘이고 있는 것인지

시월을 떠나보내야 하는 날에

보고 싶습니다
시월의 마지막 날
미리 약속이라도 잡혀 있는 하루처럼
이른 아침부터 시간을 붙잡고 있습니다
이럴 줄 알았더라면
달력을 보지 말아야 했습니다

시월을 떠나보내야 하는 날에
마음에 머무는 당신 때문에
앞산 가을 색처럼
나의 전신도 곱게 물들고 말았습니다
당신의 음성
당신의 미소
당신의 눈길
당신의 그리움과 기다림
당신의 그 따스한 사랑이
마음속으로 자꾸만 달려와
깊은 곳까지 붉게 물들이고
가슴에 잡아 둔 그리움으로
다 타 버린 속내

앙상한 실핏줄에는
바람 숭숭 드나드는 길이 났습니다

시월의 마지막 밤
이용의 "잊혀진 계절"이 울려 퍼질 때
당신의 손이
살며시 내게로 와서
잡아 주기를 바라지만
시점에서 떠날 것을 알기에
조바심으로 움켜잡은
계절의 끝자락
보내야 하는 아픔입니다.

붕어빵

입 속에서 나누는
그대와의 뜨거운 사랑은
눈 쌓인 길 위에서
양손 번갈아 쥐며 시작된다
눈뜬 황금 붕어와 눈동자를 맞추고
온전한 입맞춤까지 허락하고는
맞닿았던 그 입술로
크게 한입 베어 문다

살갗보다 더 뜨거운
가슴속 마음
붉은 팥의 오열로
목젖을 데이는 진한 사랑

붕어빵 가시에 찔린 목젖이
재채기를 일으킨다
따뜻한 입맞춤은
달콤하다고

이별

사는 동안 그리워서 아픈 사람이 당신입니다
당신의 사랑을 잃었다고는 생각하지 않습니다
당신이 나를 잊을 거라고도 생각지 않겠습니다
나 또한 당신을 잊지 못할 것을 알기 때문입니다
당신과 나 사이에 새로운 강이 흐르고 있습니다
내 사랑보다 앞서 당신의 강물 넘치는 것은
당신도 어찌하지 못하는 사랑 찾아온 것이겠지요
당신이 밉지 않은데 왜 자꾸만 눈물이 나는지
당신의 행복을 위해 아무렇지 않게 손 흔들어 주는 일
마음처럼 쉽지 않아서 여러 날 뜬눈으로 지새웁니다
함께했던 소중한 추억 옹이진 상처로 남습니다
그 상처 아름다운 꽃으로 피우는 날에
그대, 그 향기를 따라 훌씨되어 날아 오실까
마음 문 열어 두고 까치발로 서있습니다
가슴속에 당신을 허락 없이 가두었다 하시겠지만
오늘도 보내지 못하는 내 마음 아실 날 있겠지요

김영선
金榮善

프로필

2010년 《문예사조》 등단
중앙대 대학원 문예창작 전문가과정 수료
한국문인협회 회원
서울시인협회 회원
세계시문학회 회원
시섬문인협회 감사
한국어울림음악협회 동대문구 지부장
나눔 뮤직홀 대표
수상: 제37회 시문학회 본상(2023년)
시집: 《취한 말들을 위한 시간》
동인지: 《당신이 준 연애의 맛》, 《캡슐 사랑》 외 다수
이메일: yskim6310@naver.com

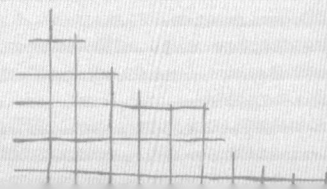

개미 외 4편

나도 시원한 그늘에 누워 하늘만 바라보는 낭만적인 삶을 원해
멋진 휘파람 소리와 쾌락의 향기
내 잘록한 허리에 어울리는
섹시한 치맛자락 휘날리면
세상 좋은 천상의 화원이 될 거야 그치
누구라고 종종대며 돌아치고 싶겠어

한탕에 목이 말라
부지런히 우물가를 서성이다가 알게 됐지
언제나 늘 움직일 나의 숙명

부지런한 일개미
알뜰살뜰 금탑 모아 열심히 가는 거야
언젠가는 불개미
따끔한 맛을 보여줄게

길

아직 멀었다
갈 길은 저 끝자락에서
나를 조롱하듯 히죽거리고
벌써부터 헉헉대며 숨이 차오르는 꼴이라니
괜스레 가자미눈으로 힐끔힐끔
철지난 철쭉을 넘실거린다
목이 마르다
바닥나기 시작하는 인내심이
어제 남긴 달콤하고 시원한 밀크셰이크에게 미련을 보인다
꿀꺽
목울대가 시소를 타듯 미끄러진다
생각해보니 오는 게 아니었다
돌아가고 싶다고 여우 귀에 대고 속삭여보지만
때맞춰 불어오는 바람 따라 날아가버리고
점점 타들어가는 목젖과 빨라지는 심장 박동수가
경쾌하게 리듬을 타며 단물을 뿜어낸다
이제 시작인데 이제 시작일 뿐인데…

하지만
코 묻은 상념들은 뒤로하고

이미 나는
이 길을 가고 있다

종이컵

나의 기다림은 공허하여 텅빈 가슴이 되었어요
유리벽 안에 진열된 인형처럼
당신의 손길을 기다리며 웃음 짓는 꽃
오늘은 어떤 걸로 텅 빈 가슴이 채워질지
두근거리는 마음에 빳빳하게 굳어있는 몸
따뜻한 커피라도 한잔하고 싶군요
시원한 맥주도 괜찮아요
고소한 거품이 온몸을 핥아내려 아찔하게 감싸 올 땐
전율마저 느껴지죠
생각만 해도 갈증이 나네요
이러다 오늘도 물먹는 건 아닐까요
아 드디어 당신이 나를 안았어요
부드러운 손길이 나를 감싸며
떨리는 입술로 나를 데려가
애틋하게 입맞춤하는 뜨거운 우리의 사랑
당신의 입술은 달콤한 솜사탕
난 그만 꿀같이 녹아내려요
따뜻한 당신의 손길을 온몸으로 느낀 난
오랜 사랑을 꿈꾸고
당신의 바람끼는

금방 나를 버리고

비참하게 구겨진 나의 사랑
슬픈 운명 같은 우리의 사랑
바람둥이 당신의 스치는

일회용 사랑

라떼는 말이야

쓰디쓴 인생에 내리는 달콤한 꽃비 같은 거야
니들이 그 맛을 알아?

라떼는 말이야

뜨거운 한증막을 견디고 나와 마시는 시원한 생맥주 같은 거야
생각만으로도 시원해지는 그 기분
크아~

라떼는 말이야
구름 위를 걸어가는 신선 같은 거야
생각만으로도 날개 없이 하늘을 날 수 있지
훨훨훨~

라떼는 말이야
언제나 웃으며 말할 수 있는
내 생에 가장 빛나는
봄
이야
누가 뭐라 해도…

왜냐고 묻지 마라

모든 일에 해답은
네 안에 있고
모든 일에
정답은
없다
기쁘고 행복함에 기준이
내 자신이듯
희고 붉고 검은 꽃들도
저마다 색이 있고 빛이 나니
모두 다
아름답고 향기롭다

저마다 찬란하고 아름답게 빛나는 세상에
왜냐고 묻지 마라

세상 모든 일에 해답은
네 안에 있고
정답은

없으니까

조영민
趙榮珉

프로필

2012년 《현대시학》 등단
한국시인협회 · 재림문인협회 회원
아르코문학 창작기금 · 한국문화예술위원회 창작기금 받음
수상: 영남일보문학상, 한국산악문학상, 아동문예문학상, 백교문학상 대상
저서: 《사라지는 것들》(문학나눔 우수 도서), 《내가 좋아하는 집》,
　　《넌 하늘을 볼 때 젤 예뻐!》
동인지: 《문학과 신앙》 외 다수
이메일: chonsa@hanmail.net

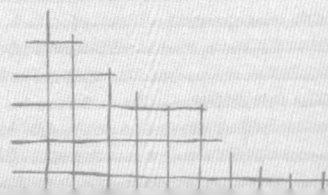

[동시] 우리 할아버지 외 2편

할아버지는
먼 나라를 다니며
고기를 잡으셨대요.

평상에 앉은
할아버지의 손은
그물처럼 생겼네요.

물고기는 없고요.
노을만
잔뜩 잡아 놓으셨어요.

민들레 전쟁

민들레 교관이
씨앗을 모아
특공대 훈련을 시켜요

툭하면 굴착기가
언덕을 헐어
빌딩이나 아파트가 생기는 걸
참지 못한 민들레

레이더에도 잡히지 않는
바람 전투기에
특공대원을 가득 태워
아파트나 빌딩으로 보내요

도둑고양이도 모르게
낙하산을 타고
공터, 화단, 보도블록 틈 사이로
몰래 숨은 대원들

봄이면 약속이나 한 듯

여기저기 나타나
도시로부터
자투리땅을 지켜요

책가방

잡동사니를 넣으면
픽픽 쓰러진다.

책을 차곡차곡 넣으면
똑바로 선다.

김순진
金舜鎭

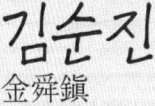

프로필

경기도 포천 출생, 아호는 녹산(鹿山), 만화방창(萬話方暢).
고려대학교 평생교육원 시창작과정 강사, 종합문예지《스토리문학》발행인, 도서출판 문학공원 대표, 한국문인협회 이사, 국제PEN한국본부 이사, 한국교수작가회 회원, 시섬문인협회 고문, 은평예총 회장, 한국스토리문인협회 회장
수필춘추문학대상, 2016 한국을빛낸사람들대상, 대한민국예술문화대상, 제6회 박건호문학상, 제10회 자랑스러운 인물대상, 포천문학대상 등 수상
저서 시집《더듬이주식회사》외 저서 18권

소금 반도체 외 4편

문인들의 번개모임에 나갔는데
한 원로 작가께서 저서 두 권과 소금 한 봉지를 주신다
집에 돌아와 아내에게 건네니
소금을 선물로 주는 분이 다 있느냐며 신기해한다
술이 깬 새벽 물 먹으러 거실에 나왔다가
식탁 위에 올려진 소금을 가만히 들여다본다
소금은 파도의 기억을 온몸에 새기고
태양의 뜨거움에 밑줄을 긋고 있었다
분수로 밀어 올린 혹등고래의 산통(産痛)과
태풍을 잠재운 심연의 슬기가 보석처럼 빛나고 있었다
소금은 하루에도 수만 번을 철썩이며
뭍을 동경하던 파도의 소원이었을까
멸치며 정어리 고등어의 지느러미에 채인
미세한 파도의 떨림이 알알이 기록되어 있다
주꾸미와 오징어 낙지의 많은 발로 주무르고 매만진
물의 포말이 고스란히 정제돼 고형으로 갇혀 있다
넉가래에 밀리고 밀리며 염전을 구르던 바닷물의 기억을
토씨 하나 빼지 않고 저장한 정육면체의 반도체 칩
어느 방향이든 최선이 되는 저 백색 주사위는
궁핍한 인간을 먹이며 간들어지게 했다

봉지를 찢어 한 알갱이를 입에 넣으니
장화 신은 어부의 발자국이 저벅저벅 내 몸을 훑고 지나간다

고등어의 다비식

서울대입구역 생선구이집에서 소설가들과
고등어구이에 소주잔을 기울인다
먼저 나온 밑반찬에 한 잔 기울이고 있자니
드디어 등이 시커멓게 그을린 고등어구이가 나왔다
온몸으로 역영하던 지느러미가 사라진 고등어
다섯 사람이 다비식에 마주앉았다
그물에 포획되고 어창에 갇히는 동안
얼마나 부릅뜬 눈으로 항거했을까
19공탄 뜨거운 연탄불에 올려져
영혼마저 뒤척인 흔적이 역력하다
맛있다 부드럽다 싱싱하다 쫄깃하다
모두들 한마디씩 던지는 이색의 법문
묵언의 나는 젓가락으로 한 점 찢어 겨자장에 찍으니
거친 물살을 헤친 파도의 근육이 입안을 휘감아 돈다
일생 고래와 상어를 피해 다니며
삶과 죽음 사이를 넘나들던 고등어
산란을 위한 파시의 계절은 무덤이 되어
다비식은 야단법석으로 이어지고 있었다
부릅뜬 눈을 애써 외면한 채 몸은 해체되고
고등어는 결국 두 눈만 사리로 남았다

그들은 태어날 때부터 보시를 위해 태어난
두 개에 사리를 가진 부처였던 것이다

강아지풀 시창작법

풀은 각자의 서술방식으로 시를 쓴다
자기 이름이 무언지 모르는 풀들
풀은 이데올로기를 모른다
풀은 오직 푸르러야 하는 사명뿐
풀은 명예를 모른다
그래서 풀은 낮을 꿈꾸며 밤에 시를 쓴다
그래서 풀은 여름을 꿈꾸며 겨울에 시를 쓴다
그래서 풀은 줄기를 꿈꾸며 뿌리로 시를 쓴다
풀의 주된 서술방식은 생략
풀은 향기로운 열매를 생략한다
겨울 동토의 시련을 생략한다
그래서 내년의 꿈마저 생략하고 오로지 푸르다
풀은 열매보다 달콤한 새벽이슬을 형용사로 매단다
풀은 온갖 미사여구를 퇴고하여 휴지통에 구겨 넣고
풀은 주변과 동화하는 푸르름의 시를 쓴다
풀의 마디마디와 긴 꼬리수염에 난 수많은 시어들
풀은 제자리를 맴돌며 우주적인 시를 쓴다

숲에서

그들은 말하지 않았다
대화란 입으로만 하는 게 아님을
그들은 몸으로 보여주었다
그들은 듣기만 하면서도 시시때때로 웃으며
서로의 말을 알아들었다
그들은 진리는 푸른 것이라고
몸으로 말한다
말하지 않고 듣는 자는 우리며
말해야 듣는 자는 타자인데
말하고 있을 때 지나치는 것이 세월이고
듣고만 있을 때 세월도 동안거에 든다고
숲은 겨울의 의미를 가르쳐주었다

꿩

꿩꿩
꿩이 운다
뭘 꾸라는 걸까
진달래꽃 좀 꿔오란 게지

꿩꿩
그 시절 엄마도 꿩처럼
보리쌀 한 됫박이라도
꾸고 싶었을 게다

꿩꿩
여름 꿩이 운다
뭘 꿔달라는 걸까
복숭아 자두 한 알씩 꿔달란 거겠지

최정숙
崔貞淑

프로필

아호: 云又(운우)
2009년 7월《문예사조》시 등단
시울림 회원, 시섬문인협회 부회장
한국문인협회 회원, 한국문인협회 보령지부 회원
문예사조 부회장 역임
계간문예 중앙위원
시낭송가, 시낭송 지도자
시집:《문패를 달면서》
시울림의《허공의 춤》외 공저 다수
시섬문인협회 동인지《모자이크》외 공저 다수
이메일: i-237@hanmail.net

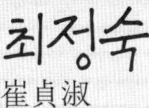

날마다 웃게 해주세요 외 4편

걱정 많아 잠들지 못하고
눈 감고 숫자 세다
깜짝 놀라 눈 뜨며
잠을 잤다는 안도감으로
아침을 맞던 시절 있었다

걱정으로 웃을 일 없지만
거울 보고 웃으며
속으로 성공을 외치던
시절 있었다

연습으로 날마다 웃었더니
남들은 알지도 못하고
명랑한 사람이라고 했다
습관으로 웃다 보니
정말 웃고 있었다

행복한 사람이 되었다

여름

해마다 더 더운 여름
폭염 아래 땀 흘리는 농부
때 놓칠까 봐 더운 줄 모른다

쉼 없는 연습으로
자신을 괴롭히는 운동선수
힘든 줄 모른다

살아남기 위해
모두 자신과의 싸움
스스로 괴롭혀야 산다
용광로 여름 견디는 오곡백과들

가을의 함박웃음 품은 여름
뜨겁지만
세상은 더 뜨거운 열정으로
고통을 뛰어넘는 용사들
으랏차차!
함성도 우렁차다

징검다리

울퉁불퉁 비뚤거리는
징검다리 건넌다
징검다리 간질이는
흥겨운 물살 재잘거림

한눈팔지 말자
삐끗 넘어지면 큰일 난다
여기만 지나면
다른 길 만난다는
희망으로 건너자

징검다리 건너듯
세상살이 조심하면
큰일 만나지 않겠지
그렇게 살아가노라면
물살처럼 세월이
덩달아 가는 것

쉬운 길 없는 법
쉽게 생각한 순간부터

험한 길 되는 것 잊지 않고
오늘도 조심하며 건너는
징검다리 같은 인생길

농부

미끈하게 잘난 열무
두 단에 1,500원
야채 가게 가격표 팻말
농부 한 대 맞은 듯
순간 휘청인다

밭에 열무 솎아 삶아
한 시간 넘게 전철 타고
오빠네 드리고 오는 길
헛일한 것 같아
갑자기 허탈하고 외롭다

아니야
네가 키운 야채
작고 질기고 맵고
숭숭 구멍 뚫렸어도
사람도 먹고
벌레도 먹이고
잘했어, 아주 잘했어

그러니 기죽지 말아라

하늘에서 쩌렁쩌렁
신의 음성 들려왔다.

바람

처서도 지났다
조석으로 부는 바람
선선하다

갑자기 아련한 마음
여유가 생긴 걸까
문득 엄마 생각난다

말 타면 종 두고 싶다는
옛말 떠오른다

밤하늘에 달도 보인다
시원한 바람이
바쁜 와중에도 순간이나마
땀 닦는 손수건 찾는 시간 대신
행복한 아이 여유로움을 데리고 왔다

고민지
高旻志

프로필

(사)한국문인협회 정회원.
전 계간 창작문학 편집위원.
전 시섬문인협회 수석 부회장.
현 시섬문인협회 이사.
인사 신문 편집국장 역임.
국악 소리길 소리숲 관장 역임.
대한불자가수회 회원.
NGO 희망한국21 기획부 위원장 역임.
문예모 CEO 부회장 역임.

봄꽃 외 4편

나의 생각 나뭇가지에
봄꽃 활짝 피었다

얼마나 기다린 봄이던가
움츠리고 살던 시간 뒤돌아보니

가슴 아려온다
아, 나에게 봄 찾아왔다

살맛나는 나날
하루 시간 빠르게 흘러간다

의욕 넘칠 때 마음껏 활동
더 늦기 전에 새로운 도전 하련다

몸 아파 보니 서럽고 인생 허무
건강하면 언제나 봄이더라

정동진

해초 향 상큼한 바다 냄새
푸른 물결 출렁이는 정동진 바다
동해 바다에 젖고 깊이 빠져드니
내 영혼 푸른 빛으로 물든다

몸 아파서 잊고 살던 바다
그립고 그립던 그 바다에 왔다
거칠고 차갑고 때론 성난 모습
그래도 바다가 좋다

모래 백사장 맨발로 걸어도
몸과 마음 지칠 줄 모르고
바다랑 친구처럼 속삭이며
마냥 행복했었다

외로운 날은 바다 생각
상처받고 힘들 때 위로되는 바다
일이 꼬여 절망할 때마다
관용 바다 보면 힘이 솟는다

장호 바다

눈 시린 물빛 맑고 투명
에메랄드빛 장호 바다

갯바위 햇볕 쨍쨍 예쁜 해변
해상 케이블카 아름다운 풍경

눈길 닿는 곳마다 쪽빛 바다
옹기종기 모여 사는 작은 섬마을

밧줄에 꽁꽁 묶인 정착 고깃배
옷자락 흔드는 시원한 해풍

어찌 잊으랴
그 섬에 살고 싶은 욕망 가득

맑은 숨 쉬며 행복했던
청정 섬 삼척 장호 바닷가

벚꽃길

바람에 흩날리는 꽃잎
내 품에 안겨 살포시 마음 주고

뒤도 돌아보지 않고 떠나지만
오가는 사람들 발에 밟혀

피멍든 꽃잎 꽃이 운다
꽃비 하염없이 내리는 꽃길

사람들은 행복 즐거워하지만
꽃은 눈물 머금고 떠나간다

화려했던 꿈 같던 시간
벚꽃의 시린 봄날은 저물고

기약 없는 쓰라린 이별 안녕 잘 가
너의 예쁜 모습 눈에 담고 살아가련다

내 영혼의 숨구멍

살다 보면 숨구멍 막히는
눈앞 캄캄 그런 날 있더라

공중에 붕 떠 있는 기분
중심 잃고 방황하는 날 있더라

살아도 사는 맛 모르고
의욕 상실 재미없는 날 있더라

가슴 치는 아득한 시간 간절한 기도
내 영혼의 숨구멍 열어 주더라

하은
河銀

프로필
시인 · 수필가
월간《문학세계》시 등단, 월간《스토리문학》수필 등단
계간 스토리문학 편집위원
사단법인 한국문인협회 포천시지부 이사, 사단법인 우리詩진흥회 회원,
현대문학사조문인협회 회원, 시섬문인협회 이사
문학공원 동인
시집:《달맞이꽃》,《다시 꽃이다》
이메일: haeun5709@daum.net

빨래 외 4편

연일 고단했던 어깨가
줄에 매달려 있다

흥이 날 일 아닌데도
피로를 전부 잊으려고
햇살과 부둥켜안고 춤을 춘다

저라고 속이야 없겠는가
살아내기 위해
굳은 어깨를 바람에 푸는 것이겠다

일렁일렁 힘을 내는
오천만의 어깨가 대견하다.

풀각시

어제 정답게 나누던 말이
오늘 비수가 되어 찔렀어도 그냥
그녀의 단 몇 마디에
한 줌 머릿속 첩첩 쟁여온
배움을 전부 비웠대도 다만 그냥
너를 사랑했고
나를 사랑했으나
지금 네 사랑과 내 사랑은 무용지물
서로를 잃는 것은
춥고 떨리고 배고픈 일이지만
태양이 머리 위를 지나도 그만
비 내려도 이제는 그만이다
안개처럼 지우고 하얗게 덮고
나는 나로 너는 너로 살면 그뿐
꽃잎 밟고 서성이는 야속한 발자국에
봉숭아 꽃잎처럼 으스러진 풀각시
빈 들에서 홀로
바람 따라 울다가 웃다가
시든 하루 끌어안고 엎드렸다.

바다에 오는 이유

바다 앞에서 아이가 되는
일상의 희열은
세상 어느 맛에도 뒤지지 않는다
큰 어른 앞에서
공평의 씨앗을 선물 받는 일
묵묵히 들어주는 수평선 앞에서
아픈 속을 비운 순간
기울었던 마음이 반듯해진다
깊고도 너른 물의 성품
사람에게 쏟은 하루 이야기는
썰물처럼 통증을 다 가져간 듯해도
밀물과 함께 끈질기게 살아와
다시 발목을 잡는다
바다는 심연에 묻은 이야기를
단 한 번도 흘린 적 없었다.

말자씨

시들어 떨어진 잎은
가지에 다시 매달아도 소용없다
이별 그 후
만나자는 마뜩잖은 기별
시한 지난 인연은 식어버린 불이다
살 비비며 숨 쉬고 먹고 잠잘 때
죽도록 사랑했어야 하는 거다
이익 좇는 눈과 혀를 버렸어야지
먼지 털어 잘 사용할 듯
계산하는 심정이야 간절하겠지만
손안에 들면 다시 밀어낼 건 뻔한 수순
깨진 그릇은 붙여 사용하지 않는 법이다
꺾어진 골목 끝처럼 예측할 수 없는 사람
한밤중 닮은 자는 절대 피할 일이지
언덕배기 묵정밭 고달파도
첩첩산중 홀로 거두며 사는 게 답이다
햇살에도 속지 말자
호미 쥔 손에 힘주는 말자씨.

보름밤

사는 건 늘 그래
조금 올라갔나 싶으면 다시
곱절로 내려가는 생
나만 그러하겠나 어디
가속 붙는 내리막길은 누구나
반기지 않아도 맞닥뜨리게 되어있지
사돈댁 바깥양반이
출가한 딸에게 예전 물려준 빚
돌고 돌아 내 발목 잡았어도 그만이네
며느리는 애당초 죄가 없던 것이다
신용이 불량이라고 남들이 애써 전해도
네 신용은 우리가 보증하면 그뿐
신용 찾아 살 만해진 게 언제 적 얘기라고
그새 짐 다시 지게 되어 딱했는지
보름달 기운 빌어 품 넉넉하게 채우라
친구가 덕담을 건네주더라
순전하게 어제 아침처럼 웃다 보면
세상 굉음 견딜 수도 있지 않겠나
만취한 달 쉼 없이 굴러간다.

최영옥
崔英玉

프로필

서울 출생
아호: 백록(白鹿)
《강원문학》시 당선,《강원아동문학》동시 당선
(사)한국문인협회 강원지회 회원, 시섬문인협회 회원, 강원아동문학회 회원
토지문화관 문화기획자 심화과정 수료
2020년 강원문화재단 전문예술 창작지원금 수혜
2022년 대한민국 독서대전 100인의 작가버스킹 선정
수상: 강원여성문예경연대회 장원, 한도시한책읽기독서감상문대회 최우수상,
박건호시낭송대회 금상, 박경리문장낭독대회 최우수상, 김수영시낭송대
회 동상 외 다수
전시: '민화, 시(詩)와의 만남' 초대(2인전), 강원예술제 시화전 외 다수
시집:《고요의 뒤꿈치를 깨물다》
공저:《우리가 더딘 발걸음으로 걸어가는 것은》,《대한민국 시인낭송가들의 자
작시》외 다수
이메일: chviola@hanmail.net

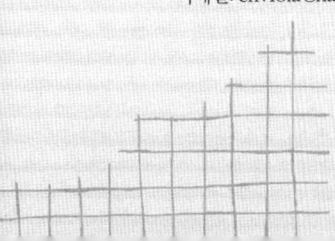

은섬포(銀蟾浦) 외 4편

금계국 황금빛으로 출렁이는
고즈넉한 포구에서
유장한 강물 속으로 사라진
너의 이름을 부른다

단말마의 비명 속에 사위어 간
붉은 숨소리
노을빛 슬픈 사연 위에
몇 해 전 백지로 날아온
읽지 못한 편지 한 장이 소환된다

해독(解讀)하지 못한 편지를 들고
상심에 잠긴 강
바람 따라 길을 나선다

망망한 물 위로 떠도는 흰 꽃잎
그 혼백 흘러 흘러
먼바다에 다다를 때쯤 봉인된 너의 마음
헤아릴 수 있을까

제 설움에 겨워 흐느끼는 물소리
강이 젖는다
오랜 세월 버텨 온 견고한 침묵을 깨고
박제된 나루터가 술렁인다

강물의 붉은 심장 소리 오늘따라
유난히 고동치는데
나는 자꾸만 허방을 딛고 강가에서
너를 찾아
하염없이 비틀거리고 있다

치악산 · 12

저기 저 푸름은 어디서 오는가

황장목 숲길 걸으며 푸른 색실 풀어내는
솔빛 바람소리를 듣는다
수많은 오늘을 견뎌 온 억겁의 시간 속
당신이 동경하는 그 하늘에
한 발짝도 다가가지 못한 빈한한 마음
오늘은 용기 내어 풀빛 연서를 띄운다
구룡사 풍경소리 염화미소 짓는
환하디환한 그곳,
천의무봉 나래를 펼친 흰빛
새 한 마리
허공 딛고 날아오른다

찬란한 저, 푸름 속으로

치악산 · 13

내려오고 싶었다
산짐승 눈에 불 켜고 으르렁거리던 산골짝
짙은 안개에 갇혀 꼼짝 못 하고
목울음만 삼키던 차가운 결빙의 시간
새들 떠나고 꽃들 떠나고
바람마저 잠든 변방에서 싸늘하게 식어 갈 때
따스한 숨결로 새 생명을 불어넣어 준
푸른 눈의 소년이 있다
산 그림자 젖은 그늘 벗어
동녘 햇살에 널어놓는 사이
누가 기별했을까
얼음장 아래 물소리가 수런댄다
새가 운다 꽃이 핀다 바람이 분다, 다시
싱싱하게 펼쳐지는 잎새들의 파노라마
어둑한 적막을 깨우고 나는
산정 향해 힘찬 발걸음을 내딛는다
소년의 깊푸른 눈빛, 환히
길을 연다

진달래꽃

봄이 오지 않는 건
그대가 아직
나를 찾지 않기 때문입니다

겨울이 깊을수록
시름은 더욱 깊어 가고
온다 간다 기약 없는
아득한 이별 앞에서
눈시울만 자꾸 붉어집니다

언제부터였을까
빗장 꼬옥 걸어 잠근 구석진 방
한 귀퉁이 화석(花席)* 위에 앉아
해가 뜨는지, 해가 지는지
비가 오는지, 눈이 오는지
아무것도 난 알지 못합니다

먼먼 나의 사람이여!
칠흑 같은 어둠 뚫고
한줄기 눈부신 빛살로 내게 오십시오

쿵, 쿵 달려오는 그대
힘찬 발소리에 놀라
잠들었던 소월의 진달래꽃 다시
깨어나게 하십시오

* 화석(花席): 꽃 모양을 수놓아 짠 돗자리.

노회신 무덤벽화* 살아나다

투명한 바람 한 줄기
시간을 거슬러
충정공 노회신 무덤벽화 안을 들여다본다

깜깜한 지하에서 수백 년 동안 잠들어 있던
석실 벽면의 사신들,
금당 송기성 화백의 청고한 붓끝에서
하나둘 눈을 뜬다

동쪽에서는 청룡, 서쪽에서는 백호
남쪽에서는 주작, 북쪽에서는 현무
녹이 슨 묘의 문을 밀고 조심조심
걸어 나온다

고구려 고분벽화의 엄숙한 겉옷 벗어버리고
익살스러운 옷으로 가볍게 갈아입고
있으면서도 없는, 역사의 비밀을 간직한 채
알면서도 모르는 척 시치미 떼고
어둑한 성곽 안 꼭꼭 갇혀 있다

지상으로 나와 환생하는 순간, 번쩍
푸른 섬광 한 획을 긋는다

무덤 밖 세상에서 민화로 되살아난 그림들,
우렁우렁 새바람을 몰고 온다

* 2009년 원주-강릉 복선전철 공사 중 문막읍 동화리에서 발견된 충정공 노회신 무덤벽화. 조선 초기의 것으로 금당 송기성 화백이 민화기법으로 재현해 학계의 비상한 관심을 끌었다.

김성운
金成云

프로필

호: 恒山(항산)
1958년 경남 거창 출생
서양화가, 국내외 개인전 23회
삼육대학교 문화예술대학장 역임
홍익대학교 미술학 석사
서울과학기술대학교 디자인학 박사
프랑스 유학(연구년)
현 시섬문인협회 고문, 김성운미술연구소 대표, 삼육대학교 명예교수
저서:《힐링이 있는 그림이야기》,《들뢰즈 철학과 예술을 말하다》,
　　《디지털시대 광고디자인론》,《김성운: 노스탤지어 빛》
이메일: sungwoon@syu.ac.kr, www.visualgraphic.net

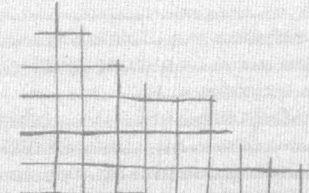

서부 영화의 추억 외 1편

나는 최근 미국 서부를 다녀왔다. 미국 캘리포니아주, 애리조나주, 유타주, 네바다주 등을 은퇴 교수들과 함께 험한 야영 생활로 28일간 여행했다. 이 글은 다녀온 여러 여행지 중 서부 영화와 관련된 것에 국한하여 쓴 여행기이다.

나는 어린 시절 방학을 맞아 서울에서 고향으로 내려온 친구 R군을 통해 서부 영화의 스타들을 많이 알고 있었다. 나는 애리조나 카우보이 존 웨인, 게리 쿠퍼, 그레고리 펙, 헨리 폰다, 버트 랭커스터, 클린트 이스트우드, 찰스 브론슨, 그레이스 켈리 등 기라성 같은 은막의 스타들을 통해 상상력을 키웠다. 그때 서부 영화의 배경으로 나오는 거대하고 멋진 풍경이 어디에 있는지 몹시 궁금했다. 이제 이순을 넘은 나이에 바로 그 영화의 현장에서 호기심을 해결하고, 먹고, 자고, 체험하는 기회를 갖게 된 것이다.

여행 전 사전 준비로 유튜브를 통해 전설적인 서부 영화 몇 편을 보았고, 국립중앙박물관에서 열리고 있는 '우리가 인디언으로 알던 사람들' 전을 관람하고 세미나에도 참여했다. 서부 영화 곳곳에 등장하는 인디언들과 그들의 역사, 문화를 미리 알고 가

는 것이 이해를 돕는다고 생각했다. 이 일은 여행하면서 참 잘했다고 생각했다. 세미나에서는 미국이 만든 순항미사일 '토마호크(Tomahawk)'가 아메리카 원주민이 사용하던 '전투용 도끼'에서 유래되었다는 것을 알았고, 전투 헬기 이름인 '아파치', 미국 지프의 대명사 '체로키'도 인디언 언어라는 것을 발견했다. 일설에 의하면 체로키족의 언어 중에는 '내집', '다조타', '아시키(아이)' 등 우리말이 있다고 한다. 우리가 알타이 어족이라 어딘지 모르게 핏줄이 당기는 부족이다.

 백인들의 접근을 불허하겠다는 의지로 지은 나바호 인디언 절벽 주거지인 월넛 캐니언 국립기념물, 몬테수마 캐슬 내셔널 모뉴먼트, 인디언 돌집인 우파트키 국립기념물, 인디언 집단 거주지 유적인 푸에르코 푸에블로, 인디언들이 남긴 암각화인 뉴스페이퍼록, 인디언들의 파수대인 그랜드 캐니언 데저트 뷰 워치

타워 등 인디언 유적들이 너무 많이 남아있기 때문이다. 대평원에서 양을 키우던 인디언 나바호족, '나바호'는 '좋은 농부'라는 의미로 서부 개척자들이 붙여준 이름이다. 원래 이름은 디네(Diné)라고 한다. 그들은 콜럼버스가 붙여 준 '인디언'이라는 이름이 자신의 정체성을 훼손했다고 몹시 불쾌하게 생각한다고 한다.

그레고리 펙, 오마 샤리프가 출연한 서부 영화 〈맥켄나의 황금〉 클라이맥스 부분 촬영 장소인 웅장한 암석 기둥, 63빌딩 높이의 두 기둥 바위, '스파이더 록' 주변은 나의 그 옛날 기억을 되살리게 했다.

특히 모뉴먼트밸리 나바호부족공원을 조망하노라면 나 자신이 영화의 주인공처럼 느껴졌다. 거대한 평원에 우뚝 솟은 벨 록과 왼쪽 오른쪽 벙어리장갑을 닮은 바위들이 서부극의 현장이라 생각하니 흥미롭기가 그지없다. 모뉴먼트밸리를 가로지르는, 까마득한 소실점으로 가는 도로를 배경으로 세계인들이 연신 사진을 찍어댄다. 도로 중앙에서 촬영하는 것은 위험하지만 지나가는 차들도 감안하여 속도를 줄인다. 나도 이곳에서 '인생 컷' 하나를 건졌다.

모뉴먼트밸리는 〈황야의 결투〉 등 서부극의 거장 존 포드가 발견, 촬영 후 〈황야의 무법자〉, 〈역마차〉 등이 만들어졌다. 최근에는 〈백 투 더 퓨처〉, 〈포레스트 검프〉 등이 모뉴먼트밸리에서 촬영되었다.

1924년 해리 굴딩 부부는 이곳을 '서부 영화의 메카'로 만들고 배우 존 웨인이 남긴 자료와 그의 POP 사진, 서부 영화와 관련된 수많은 자료를 전시하고 있다. 우리 일행은 굴딩 박물관 바로 옆의 굴딩스 캠프그라운드에 텐트를 치고 하룻밤을 잤다. 멀리 보이는 모뉴먼트밸리 경치는 그야말로 압권이었다.

그밖에 알베르트 크리스텐센 부부가 사암벽을 파서 만든 '홀 앤더락'과 연인이 키스하는 듯한 묘한 두 기둥 바위 밑의 '트윈 락스 카페'도 서부의 추억을 되살리게 하는 장소다.

서부 영화는 이곳 말고도 인근 지역인 기(氣)가 센 세도나, 형용하기 어려운 거대한 협곡인 그랜드 캐니언, 여성적이고 아기자기한 협곡 브라이스 캐니언, 세상의 모든 아치를 가져다 놓은 아치스 캐니언, 스케일이 큰 남성적인 협곡 자이언트 캐니언, 하프 돔으로 대표되는 거대한 화강암과 폭포의 요세미티 계곡, 세상의 큰 나무들의 집합지 세쿼이아 국립공원 등에서 많이 촬영했다. 나는 이곳을 속속들이 여행했다.

어릴 적 서부 영화에서 보았던 영상은 '스크래치 비'가 오고, 색이 바랬지만, 촬영 현장에서 보는 풍광은 생생한 그대로의 이미지다. 마치 세월을 뛰어넘어 시간 여행을 하는 타임머신을 타고 온 듯하다.

이번 여행은 극기 훈련이나 마찬가지로 많은 고생을 했다. 말벌에 쏘이기도 하고, 때로는 극심한 폭염으로, 때로는 추위로 체중이 3kg 줄었다. 하지만 정신적인 체중은 3톤 이상으로 늘었다. 몸소 체험한 미국의 서부 여행은 풍부한 인문학적 지식과 필설로 표현 불가한 풍경을 나에게 안겨 주었다.

아프리카 아프리카

 일년 전, 정년을 기념하여 아프리카 여행을 다녀왔다. 흔히 세계 여행의 마지막 코스로 아프리카 여행이 꼽힌다. 험한 고생길이 보이는 아프리카 여행은 여행사에서 65세 이상은 건강 면접을 먼저 봐야 한다고 한다. 25일간 아프리카 7개국, 즉 케냐, 탄자니아, 잠비아, 짐바브웨, 보츠와나, 나미비아, 남아프리카공화국을 여행했다. 이 글은 7개국 중 케냐, 탄자니아 여행에 국한하여 쓴 여행기이다.
 화가인 나는 거장 피카소, 마티스, 천경자가 아프리카를 다녀

와서 역사적인 그림을 남긴 것처럼 아프리카를 다녀오면 무언가 새로운 창작의 실마리가 풀리지 않을까 생각해서 설레는 기분으로 고생길을 자초했다.

10시간의 비행, 환승을 위해 두바이 공항에 도착했다. 공항은 어마어마하게 컸다. 여러 시행착오 끝에 케냐로 가는 탑승구를 찾아 4시간 비행하여 나이로비 공항에 도착했다.

나이로비 공항에 도착하니 여행 길잡이 M양이 스마트폰을 조심하라고 한다. 강탈, 분실된 스마트폰은 현지에서 500달러로 직거래 된다고 한다. 마침 나이로비 숙소 호텔 근처에서 아프리카 지역 정상 모임이 있어서인지 곳곳에 무장한 군인들이 순찰하고 있고, 나는 그동안 거리에서 황인종만 보다가 눈만 반짝이는 100% 흑인종들만 보니 너무 낯설고 두려웠다. 아내와 함께 잠시 시내를 돌아보기 위해 호텔에서 나와 낡은 나이로비 골목길을 돌다가 느낌이 너무 안 좋아 다시 호텔로 와서 취침했다.

우리 일행은 다음 날 새벽 2시부터 사파리 여행을 위해 준비했다. 지독한 비포장길로 마사이마라 국립공원을 가면서 갑자기 타이어 펑크가 나서 차를 갈아탔다. 이동 중간에 휴식 겸 '그레이트 리프트 밸리 뷰포인트'에 내려 직경 100km의 거대한 분지를 내려다보았다. 아프리카 지각층이 서로 부딪혀 이루어진 단층 계곡으로 인류의 탄생 유적지도 있다고 들었다.

땡볕에, 지독한 먼지와 비포장길로 얼얼한 엉덩이는 이내 만신창이가 되었다. 사파리 게임은 주로 'Big 5' 즉 사자, 코끼리, 버펄로, 표범, 코뿔소를 찾아 현지 운전기사가 안내하며 관광객을 최대한 동물 근처에 차를 대는 것이었다. 동물을 찾는 '촉'이 좋은 운전기사는 팁을 많이 받는다.

나는 드넓은 초원에서 사자들의 교미 장면, 치타 가족들이 점 핑을 하면서 장난치는 모습을 생생하게 촬영하니 BBC 다큐멘터리 작가로 스스로를 착각하게 만들었다. 동물원에서만 보던 코끼리, 얼룩말, 톰슨가젤, 기린, 버펄로, 누, 타조, 혹멧돼지, 하이에나, 하마, 자칼, 악어, 원숭이, 몽구스, 일런드 등등 자유롭게 뛰거나 풀을 뜯는 동물들과 온갖 새들을 보니 너무 행복하고 감개무량하다.

유명한 '세렝게티'는 '마사이마라'와 국경을 나누고 있다. 국경 근처의 큰 나무 아래에서 준비한 도시락을 먹었다. 야외에서 먹는 음식은 원래 맛있어야 하는데 퍽퍽하니 맛이 없었다. 여행 길잡이 M양이 현지 운전기사는 도시락을 안 가지고 온다고 해서 반은 운전기사에게 주었다.

갑자기 비가 오니 아름다운 무지개가 뜬다. 비가 오면 초원의 동물들은 그대로 모여 비가 오는 반대 방향으로 머리를 숙인 채 서로 체온을 나누며 부동자세로 서 있다. 매우 생경한 초원의 모습이다.

국립공원 초원 안의 숙소는 아프리카 전통을 살려 운치가 있었다. 마치 추장의 집같이 지었다. 그러나 물과 음식, 전기가 귀하고 자주 정전이 되었다. 전투에 능했던 마사이족 남성들은 관광객을 위해 긴 지팡이를 잡고 제자리서 반복해서 높이 뛰는 춤을 선보인다. 숙소 뒤에서는 계속 하이에나 울음소리가 들리고 숙소 직원들이 야간에는 야생동물들 먹이 활동 시간이라 위험하다고 바깥출입을 통제한다. 모기장은 쳐져 있지만 모기장을 뚫는 아프리카 모기도 무섭다. 나는 말라리아 예방주사를 맞지 않았다. 별이 쏟아지는 낙원에서 아이로니컬하게 무시무시한 공포를 느꼈다.

케냐의 '나이바샤'는 '호수'를 의미한다. '그레이트 리프트 밸리'에 위치한 담수호다. 호수에는 하마, 기린, 얼룩말, 영양과 펠리컨, 가마우지, 피시 독수리 등 조류 400여 종이 서식한다. 마치 에덴동산을 연상하게 하는 곳이다.

아프리카의 최고봉 킬리만자로산에 가려면 반드시 탄자니아 모시(Moshi)를 거쳐야 한다. 모시는 신비의 산 킬리만자로를 품고 있는 작은 도시로, 트레킹을 원하는 전 세계 등반가가 거쳐 지나가는 플랫폼 같은 도시다. 중간에 쳄카(Chemka) 온천에서 물놀이를 하고 다음 날 킬리만자로를 등반했다. 주변에 고산족들이 재배하는 바나나나무와 커피나무가 길옆에 보인다. 가이드의 설명에 의하면 "바나나나무는 열매를 한번 맺으면 죽으며, 바나나나무 밑에 커피나무를 함께 재배하면 잘 자란다."고 한다. 우리 일행은 마랑구 게이트(1,980m)에서 해발 2,700m 에 있는 만다라 산장까지 다녀오기로 했다. 왕복 6시간 거리의 만만찮은 트레킹 코스다. 버스로 1,500m 올랐으니 나머지 1,200m만 오르면 된다. 날씨가 흐려 희미한 킬리만자로를 느끼고 하산했다.

하산길에 신발이 새것이라 발가락이 불편한데 나중에 양말을 벗어 보니 우측 새끼발가락이 까졌다. 더구나 아내는 엄지발가락 발톱이 까맣게 되어 곧 빠질 것 같다. 역시 큰 산은 자신에게 인간들이 쉽게 접근하지 못하게 한다.

탄자니아는 같은 국가지만 원래 탕가니카(Tanganyika)와 잔지바르(Zanzibar) 두 국가였다.

탄자니아 공항에 도착하니 회교풍의 원형 모자를 쓴 마음좋게 생긴 가이드가 아들과 함께 마중을 나왔다. 거리에는 흰옷을 입은 히잡을 쓴 여성들이 많아 회교국가의 특징을 보이고 있다. 날씨가 너무 좋아 온 거리가 빛이 났다. 먼저 잔지바르 관광은 '스파이스 투어'로 시작했다. 열대 특유의 향신료 재배와 체험으로 흥미로운 시간을 보내는 프로그램이다.

제일 먼저 태국 음식 '똠얌꿍'과 모기 방지 비누에도 사용되는 '레몬그라스' 식물, 립스틱의 원료인 '리치', 설명을 실제로 연기하는 작은 청년이 직접 따서 입술에 찍어 바른다. 그는 잽싸게 야자잎으로 넥타이와 왕관을 만들어 나와 일행에게 선물을 한다. 여드름 방지의 강황나무, 안티푸라민 냄새가 나는 신기한 계피 뿌리, 고구마 종류의 '카사바', 엄청나게 매운 식물인 '핫칠리', 샤넬 No.5의 원료인 '일랑일랑'도 보여주고 찍어 발라 준다.

잔지바르에는 영국 록 밴드 '퀸'의 보컬리스트인 프레디 머큐리의 생가가 있다. 그는 인도인으로 부모님이 이곳 아프리카 잔지바르에 이주해서 정착한 후 태어난 아프리카인이다. 이후 영국으로 진출하여 세계적 톱싱어로 성장했다. 각국에서 온 수많은 관광객들이 그의 생가 앞에서 사진을 찍기 위해 장사진을 이룬다. 노예시장으로 악명 높은 아픈 현장도 목격했다. 인도양을

끼고 있는 잔지바르 해변은 유명한 능귀(Nungwi) 비치, 빌 게이츠 개인 소유의 음넴바(Mnemba)섬으로 세계의 관광객을 모으는 아름다운 곳이다. 특히 인도풍의 대문과 회교 양식의 건축물이 눈길을 끄는 스톤타운(Stone Town)의 시장 골목은 아프리카 문화와 잘 어울려 화가인 나의 눈길을 끈다.

잔지바르에서 나는 무서운 아프리카 모기에 발목을 물렸다. 처음에는 별 반응이 없었으나 부위가 곪고, 상상도 못할 오한이 났다. 일행이 가져온 강력 항생제가 없었다면 괴사가 진행되는 것을 보고만 있었을 것이다.

아프리카를 여행하면서 불편함을 감수하라는 의미의 '아프리카니까 용서'라는 말과 화장실이 없는 곳이 많아 들판에서 해결하는 '마사이 화장실'이라는 말을 많이 쓰곤 했다. 아프리카 몇몇 나라는 발전했지만 아직도 거리에는 낡은 자동차, 가난과 궁핍이 흐르는 거리, 항상 배고픈 사람들이 도움을 요청한다.

건기의 아프리카 동물들을 보면 더욱 마음이 아프다. 귀한 물을 독차지하는 코끼리 뒤에 기린, 얼룩말, 톰슨가젤 등이 하염없이 순서를 기다린다. 아프리카 햇볕이 너무 따가워 코끼리는 자신의 몸으로 그늘을 만들어 새끼가 낮잠을 자도록 한다.

아프리카 여행은 몸과 마음이 '아프니까 아프리카'다.

아름다운
추억 21

시섬문인협회 연혁

아름다운 추억 21

■ 동인지 제20집 출판기념회 · 박건호문학상(시가연, 2023.10.28.)

작은 음악회(김성운 교수)

최정숙 시인의 축하 시낭송

한선향 시인에게 시섬 20주년기념
공로패 수여

박건호기념사업회에 제20집 동인지 기증

김소희 시인의 축하 시낭송

김영선 시인의 축하 색소폰 연주

김순진 시인이 제6회
박건호문학상 수상

사진 촬영에 더 바쁜 최경선 부회장

축하 케이크 자르기

시집 · 작품집 내신 문우님들 축하

시섬 문우님들 기념 단체사진

■ 신년회, 제7·8대 회장 이취임식(시가연, 2024.1.4.)

김성운 교수의 작은 음악회

김진원 시인에게 공로패 수여

제7대 김진원 회장의 이임 인사

제8대 최미정 회장의 취임 인사

축사하는 한상철 고문

최미정 회장의 제8대 임원 소개

최영옥 시인의 축하 시낭송

시섬문인협회 발전을 위해 건배

시섬 문우님들 단체사진

■ 춘계 문학기행(서울숲, 2024.5.15.)

모여서 점심과 간식 시간

발걸음도 가볍게

초고층 아파트를 뒤로 하고

서울숲 앞에서 단체사진

■ 추계 문학기행(여의도 한강공원 크루즈 관광·청와대, 2024.10.3.)

여의도 크루즈 관광 단체사진

크루즈선 내에서

청와대 관람 단체사진

청와대 로비에서

시섬문인협회 연혁

▶ 시섬문인협회는 대한민국 대표작사가 박건호 시인이 2003년 창립한 문학회로 시작되다.
- 종합예술웹진 모닥불(Modakbul.com) 홈페이지를 개설하고 온라인상에서 본명으로만 등록을 받아 석 달 남짓 동안 130여 명의 회원을 선별하여 함께 문학활동을 전개하다.
- 첫 동인지로 모닥불 시집 1《블랙커피로 죽이고 싶다》를 박건호 외 69인, 도서출판 모닥불, 2004. 12. 16. 출판하다.
- 모닥불 시선 2《섬은 물소리를 듣지 않는다》박건호 엮음, 도서출판 모닥불, 2005. 12. 1. 출판하다.
- 2006. 6. 17. 청담2동 복지관 강당에서 '제1회 시섬 시낭송회(내 몸 어딘가에 우물이 있다)'를 열다.
- 시섬 시선 3《시의 고향 아닌 곳 어디 있으랴》박건호 외, 도서출판 모닥불, 2006. 12. 5. 출판하다.
- '박건호와 함께하는 음악에세이', 잠실 석촌호수 수변무대, 시섬문학회 주관, 송파구청 후원 2007. 7. 21. (출연자 가수, 시인/ 관객 2,000여 명)
- 대한민국 대표작사가 박건호 시인이 2007년 12월 9일 타계하다.
- 시섬 동인 33인이 박건호 선생 추모시집《타오르는 모닥불 짙어가는 향기여!》도서출판 덩더쿵, 2008. 3. 22. 출판하고 추모행사를 하다.

▶ 제2대 회장으로《스토리문학》발행인 김순진 시인을 2008. 3. 22. 추대하다.
- 2003년부터 운영해 오던 종합예술웹진모닥불(Modakbul.com) 홈페이지는 종료하고, 2008년부터는 시섬문인협회(http://cafe.daum.net/sisum) 카페를 운영하다.
- 서정주문학관/백만송이 장미축제/ 고창읍성 2008. 6. 2. 문학기행을 하다.
- 시와 조각의 만남전, 국제현대미술관 영월에서 2008. 7. 20. 개최하다.
- 시섬문학회 동인지 제5집《도자기의 노래》김순진 외, (도)문학공원, 2008. 12. 3. 출판하다.
- 박건호공원 노래비 제막식 2008. 12. 11. 성원하다.
- 제11회 김삿갓문화큰잔치 2009. 5. 8. 참여하다.
- 국제현대미술관과 시섬문학회 자매결연을 2009. 6. 20. 하다.
- 박건호와 모닥불. 시섬문학회 야외 시낭송을 포천유원지에서 2009. 7. 8. 하다.
- 시섬문학회 동인지 제6집《해가 솟는다》김순진 외, (도)문학공원, 2009. 12. 5. 출판하다.
- 2010년도 박물관 고을 · 영월 창작소재 제공을 위한 문학 · 예술인 초청 팸투어, 주관: 시섬문인협회 2010. 4. 24~25. 하다.
- 제5회 시섬문인협회 문학의 밤 '박건호와 문학을 사랑하는 사람들' 서울영어센타에서 2010. 5. 29. 개최하다.
- 제3회 주천연꽃문화제(연꽃들의 속삭임) 시섬문인협회시화전 2010. 7. 8. 개최하다.
- 시섬문학기행, 보령 조각공원/장현리 귀학송 2010. 9. 2. 가다.
- 국제현대미술관 창립 10주년기념(사람도 풍경이다) 동강문학회 · 시

섬문인협회 2010. 11. 20. 주최하다.
- 시섬문인협회 동인지 제7집 《모자이크》 김순진 외, (도)문학공원, 2010. 12. 4. 출판하다.
- 최기종 시집 《갯배》, 하은 시집 《달맞이꽃》 출간을 2010. 12. 4. 축하하다.
- '안정모 작곡 발표회' 시섬문인들 시를 안정모 교수가 작곡하여 세라믹팔레스홀에서 발표 2011. 5. 21. 하다.
- 단종행사/김삿갓문화제 전국시인대회에 2011. 10. 1~2. 참가하다.
- 한국의 집 예술단 특별공연 2011. 10. 4. 참관하다.
- 시섬문인협회 동인지 제8집 《구름 위에 띄워볼까》 김순진 외, (도)문학공원, 2011. 12. 10. 출판하다.

▶ 제3대 회장으로 김진원 시인이 2012. 4. 7. 추대되다.
- 제9회 정기시낭송회를 경희궁의 아침 3단지 2층 세미나실에서 2012. 4. 7. 개최하다.
- '시섬문인협회 회칙'을 만들어 2012. 4. 17. 공표하다.
- 시섬문인협회는 박건호 시인의 시 정신을 이어간다는 사명으로 새로운 문화 창달과 문우들의 창작 열정을 불어넣기 위해 2012. 4. 17. '시섬문학상'을 제정하다.
- 고운수목원 · 칠갑산으로 시섬나들이 2012. 4. 30. 하다.
- 조병화문학관 문학기행 2012. 9. 10. 하다.
- 시섬수련회 수락산 산행 2012. 10. 14. 하다
- 제9집 《당신의 영토》 김진원 외, (도)동행, 2012. 12. 8. 출판하다.
- 제1회 '시섬문학상'을 한선향 시인이 2012. 12. 8. 수상하다.
- 시섬나들이 안면도수목원 2013. 5. 6. 가다.

- 시섬수련회 도드람산(이천) 산행 2013. 10. 13. 하다.
- 시섬문인협회 동인지 제10집《퉁소 소리》김진원 외, (도)동행, 2013. 12. 7. 출판하다.
- 제2회 '시섬문학상'을 김묘숙 시인이 2013. 12. 7. 수상하다.

▶ 제4대 회장으로 김묘숙 시인이 2013. 12. 7. 추대되다.
- 시섬추계나들이 서산 해미읍성 서산국화전시회에 2014. 5. 8. 가다.
- 소래포구 나들이 2014. 8. 21. 하다.
- 시섬수련회 팔봉산 산행 2014. 9. 24. 하다.
- 시섬문학기행 다산유적지 2014. 10. 24. 가다.
- 시섬문인협회 동인지 제11집《뤼브롱 연가》김묘숙 외, (도)모래와 거품, 2014. 12. 7. 출판하다.
- 시섬나들이 아침고요수목원으로 2015. 9. 28. 가다.
- 시섬나들이 북촌으로 2015. 10. 20. 가다.
- 시섬문인협회 동인지 제12집《불의 반란》김묘숙 외, (도)모래와거품, 2015. 12. 19. 출판하다.

▶ 제5대 회장으로 김성운 교수가 2015. 12. 19. 추대되다.
- 시섬문학기행. 봉평 이효석문학관 2016. 4. 18. 하다.
- 시섬수련회 용봉산 산행 2016. 4. 30. 하다.
- 시섬문인협회 동인지 제13집《우리는 섬》김성운 외, (도)모래와거품, 2016. 12. 10. 출판하다.
- 시섬나들이 베어트리파크 2017. 4. 23. 가다.
- 박건호 선생 묘소 참배/세미원 · 황순원문학관 문학기행 2017. 4. 28. 하다.

- 시섬문학기행. 윤동주문학관 2017. 10. 19. 방문하다.
- 시섬문인협회 동인지 제14집《캡슐 사랑》김성운 외, (도)모래와거품, 2017. 12. 9. 출판하다.

▶ **제6대 회장으로 안숙영 시인이 2017. 12. 9. 추대되다.**
- 시섬춘계나들이 창경궁으로 2018. 5. 20. 가다.
- 시섬추계나들이 창덕궁으로 2018. 10. 14. 가다.
- 시섬문인협회 동인지 제15집《무지개 사냥》안숙영 외, (도)모래와거품, 2018. 12. 15. 출판하다.
- 김영선 시인 음악실 오픈 초대 2019. 8. 19. 하다.

▶ **제7대 회장으로 다시 김진원 시인을 2019. 9. 1. 추대하다.**
- '시섬문학상'을 '박건호문학상'으로 2019. 9. 10. 개칭하다.
- 시섬추계나들이 서울식물원으로 2019. 11. 3. 가다.
- 제3회 박건호세미나 및 시낭송회 원주 2019. 11. 29. 참여하다.
- 시섬문인협회 동인지 제16집《오직 한 사람》김진원 외, (도)모래와거품, 2019. 12. 7. 출판하다.
- 제3회 '박건호문학상'을 김숙경 시인과 최미정 시인이 2019. 12. 7. 수상하다.
- 시섬문인협회 동인지 제17집《우리가 더딘 발걸음으로 걸어가는 것은》김진원 외, (도)모래와거품, 2020. 10. 31. 출판하다.
- 시섬나들이 남산한옥마을 2020. 11. 14. 가다.
- 이창선 시집 출간 축하 모임 및 인사동 인사아트 작품감상 2021. 6. 23. 하다.
- 시섬문인협회 동인지 제18집《내가 그리워하는 사람은》김진원 외,

(도)모래와거품, 2021. 10. 30. 출판하다.
- 제4회 '박건호문학상'을 이창호 교수가 2021. 10. 30. 수상하다.
- 시섬춘계나들이 경복궁 2022. 5. 5. 가다.
- 시섬문인협회 동인지 제19집《배부른산》김진원 외, (도)문학공원, 2022. 10. 29. 출판하다.
- 제5회 '박건호문학상'을 최경선 시인이 2022. 10. 29. 수상하다.
- 시섬춘계나들이 미동산수목원(청주) 2023. 4. 30. 가다.
- 시섬문인협회 동인지 제20집 특집《모닥불은 아직도 타오르는가》김진원 외, (도)모래와거품, 2023. 10. 28. 출판하다.
- 박건호문단창립20주년 · 시섬문인협회창립20기념식을 2023. 10. 28. 하다.
- 제6회 '박건호문학상'을 김순진 시인이 2023. 10. 28. 수상하다.
- '김성운미술연구소' 오픈 방문 및 시섬추계나들이 철도박물관 · 산들소리수목원 2023. 11. 21. 가다

▶ 제8대 회장으로 최미정 시인이 2024. 1. 4. 추대되다.
- 시섬춘계나들이 서울숲 2024. 5. 15. 가다.
- 시섬추계나들이 한강유람선, 청와대 2024. 10. 3. 가다.
- 시섬문인협회 스물한 번째 동인지《내 나이는 아직 스물하나》최미정 외, (도)모래와거품, 2024. 11. 9. 출판하다.
- 제7회 '박건호문학상'을 김진원 시인이 2024. 11. 9. 수상하다.